S0-BRF-192

Connected Mathematics 2

Estirar y encoger

Comprender la semejanza

Glenda Lappan

James T. Fey

William M. Fitzgerald

Susan N. Friel

Elizabeth Difanis Phillips

PEARSON

Prentice
Hall

Boston, Massachusetts
Upper Saddle River, New Jersey

Connected Mathematics™ was developed at Michigan State University with financial support from the Michigan State University Office of the Provost, Computing and Technology, and the College of Natural Science.

This material is based upon work supported by the National Science Foundation under Grant No. MDR 9150217 and Grant No. ESI 9986372. Opinions expressed are those of the authors and not necessarily those of the Foundation.

The Michigan State University authors and administration have agreed that all MSU royalties arising from this publication will be devoted to purposes supported by the MSU Mathematics Education Enrichment Fund.

Acknowledgments appear on page 107, which constitutes an extension of this copyright page.

Copyright © 2006 by Michigan State University, Glenda Lappan, James T. Fey, William M. Fitzgerald, Susan N. Friel, and Elizabeth D. Phillips. Published by Pearson Education, Inc., publishing as Pearson Prentice Hall, Upper Saddle River, NJ 07458. All rights reserved. Printed in the United States of America. This publication is protected by copyright, and permission should be obtained from the publisher prior to any prohibited reproduction, storage in a retrieval system, or transmission in any form or by any means, electronic, mechanical, photocopying, recording, or likewise. For information regarding permission(s), write to: Rights and Permissions Department.

Pearson Prentice Hall™ is a trademark of Pearson Education, Inc.
Pearson® is a registered trademark of Pearson plc.
Prentice Hall® is a registered trademark of Pearson Education, Inc.

ExamView® is a registered trademark of FSCreations, Inc.

Connected Mathematics™ is a trademark of Michigan State University.

ISBN 0-13-133814-5
1 2 3 4 5 6 7 8 9 10   09 08 07 06

Autores de Connected Mathematics

(de izquierda a derecha) Glenda Lappan, Betty Phillips, Susan Friel, Bill Fitzgerald, Jim Fey

Glenda Lappan es Profesora Universitaria Distinguida del Departamento de Matemáticas de la Universidad Estatal de Michigan. Su campo de investigación es la interconexión entre el aprendizaje estudiantil de las matemáticas, y el crecimiento y cambio profesional de los maestros de matemáticas en relación con el desarrollo y aplicación de los materiales curriculares de los grados K a 12.

James T. Fey es Professor de Curriculum e Instrucción y Matemáticas de la Universidad de Maryland. Su continuo interés profesional ha sido el desarrollo y la investigación de materiales curriculares que implican la participación de los estudiantes de la escuela media y secundaria en la investigación cooperativa basada en la resolución de problemas de ideas matemáticas y sus aplicaciones.

William M. Fitzgerald *(Fallecido)* fue Profesor del Departamento de Matemáticas de la Universidad Estatal de Michigan. Sus primeras investigaciones se centraron en el uso de materiales concretos para facilitar el aprendizaje estudiantil, aporte que condujo al desarrollo de materiales didácticos destinados al laboratorio. Más tarde, contribuyó a

desarrollar un modelo de enseñanza para propiciar la experimentación matemática por parte de los estudiantes.

Susan N. Friel es Profesora de Educación de Matemáticas de la Escuela de Educación de la Universidad de Carolina del Norte en Chapel Hill. Sus intereses de investigación se centran en la enseñanza de estadística a los estudiantes de los grados medios y, más ampliamente, en el desarrollo y crecimiento profesional de los maestros en la enseñanza de las matemáticas de los grados K a 8.

Elizabeth Difanis Phillips es Especialista Académica Sénior del Departamento de Matemáticas de la Universidad Estatal de Michigan. Se interesa en la enseñanza y aprendizaje de las matemáticas tanto por parte de los maestros como de los estudiantes. Estos intereses la han conducido a desarrollar proyectos profesionales y curriculares para los niveles de escuela media y secundaria, así como proyectos relacionado con la enseñanza y el aprendizaje del álgebra en los distintos grados.

Plantilla de desarrollo de CMP2

Maestros colaboradores en residencia
Yvonne Grant
Universidad Estatal de Michigan

Ayudante administrativa
Judith Martus Miller
Universidad Estatal de Michigan

Producción y directora de campo
Lisa Keller
Universidad Estatal de Michigan

Apoyo técnico y editorial
Brin Keller, Peter Lappan, Jim Laser, Michael Masterson, Stacey Miceli

Equipo de exámenes
June Bailey y **Debra Sobko** (Escuela Intermedia Apollo, Rochester, Nueva York), **George Bright** (Universidad de Carolina del Norte, Greensboro), **Gwen Ranzau Campbell** (Escuela Intermedia Sunrise Park, White Bear Lake, Minnesota), **Holly DeRosia, Kathy Dole,** y **Teri Keusch** (Escuela Intermedia Portland, Portland, Michigan), **Mary Beth Schmitt** (Preparatoria Júnior Traverse City East, Traverse City, Michigan), **Genni Steele** (Escuela Intermedia Central, White Bear Lake, Minnesota), **Jacqueline Stewart** (Okemos, Michigan), **Elizabeth Tye** (Preparatoria Júnior Magnolia, Magnolia, Arkansas)

Ayudantes de desarrollo
En el Colegio Comunitario de Lansing *Ayudante por graduar:* **James Brinegar**

En la Universidad Estatal de Michigan *Ayudantes Graduados:* **Dawn Berk, Emily Bouck, Bulent Buyukbozkirli, Kuo-Liang Chang, Christopher Danielson, Srinivasa Dharmavaram, Deb Johanning, Kelly Rivette, Sarah Sword, Tat Ming Sze, Marie Turini, Jeffrey Wanko;** *Ayudantes po graduar:* **Jeffrey Chapin, Jade Corsé, Elisha Hardy, Alisha Harold, Elizabeth Keusch, Julia Letoutchaia, Karen Loeffler, Brian Oliver, Carl Oliver, Evonne Pedawi, Lauren Rebrovich**

En la Universidad Estatal de Maryland *Ayudantes Graduados:* **Kim Harris Bethea, Kara Karch**

En la Universidad de Carolina del Norte (Chapel Hill) *Ayudantes Graduados:* **Mark Ellis, Trista Stearns;** *Ayudante por graduar:* **Daniel Smith**

Consejo de asesores para CMP2

Thomas Banchoff
Profesor de Matemáticas
Universidad Brown
Providence, Rhode Island

Anne Bartel
Coordinador de Matemáticas
Escuelas Públicas de Minneapolis
Minneapolis, Minnesota

Hyman Bass
Profesor de Matemáticas
Universidad de Michigan
Ann Arbor, Michigan

Joan Ferrini-Mundy
Decano Asociado del Colegio de
Ciencias Naturales; Profesor
Universidad Estatal de Michigan
East Lansing, Michigan

James Hiebert
Profesor
Universidad de Delaware
Newark, Delaware

Susan Hudson Hull
Centro Charles A. Dana
Universidad de Texas
Austin, Texas

Michele Luke
Corrdinador de Curriculum de
Matemáticas
Preparatoria Júnior del Oeste
Minnetonka, Minnesota

Kay McClain
Profesor de Educación de
Matemáticas
Universidad de Vanderbilt
Nashville, Tennessee

Edward Silver
Profesor; Catedrático de
Estudios de Educación
Universidad de Michigan
Ann Arbor, Michigan

Judith Sowder
Profesor Emérita
Universidad Estatal de San Diego
San Diego, California

Lisa Usher
Maestra de Investigación
Matemáticas
Academia de Matemáticas y
Ciencia de California
San Pedro, California

Centros de pruebas de campo para CMP2

Durante el desarrollo de la edición revisada de *Connected Mathematics* (CMP2), más de 100 docentes utilizaron en sus clases estos materiales, en 49 escuelas de 12 estados y del Distrito de Columbia. Esta puesta a prueba se desarrolló a lo largo de tres años lectivos (del 2001 al 2004), lo que permitió un cuidadoso estudio de la efectividad de cada una de las 24 unidades que componen el programa. Queremos agradecer especialmente a todos los estudiantes y maestros de esas escuelas piloto.

Arkansas
Escuelas Públicas de Magnolia
Kittena Bell*, Judith Trowell*; *Escuela Elemental Central:* Maxine Broom, Betty Eddy, Tiffany Fallin, Bonnie Flurry, Carolyn Monk, Elizabeth Tye; *Preparatoria Júnior Magnolia:* Monique Bryan, Ginger Cook, David Graham, Shelby Lamkin

Colorado
Escuelas Públicas de Boulder
Escuela Intermedia Nevin Platt: Judith Koenig
Distrito escolar, St. Vrain Valley Longmont
Escuela Intermedia Westview: Colleen Beyer, Kitty Canupp, Ellie Decker*, Peggy McCarthy, Tanya deNobrega, Cindy Payne, Ericka Pilon, Andrew Roberts

Distrito de Columbia
Escuela diurna Capitol Hill: Ann Lawrence

Georgia
Universidad de Georgia, Athens
Brad Findell
Escuela Públicas de Madison
Escuela Intermedia del Condado de Morgan: Renee Burgdorf, Lynn Harris, Nancy Kurtz, Carolyn Stewart

Maine
Escuela Públicas de Falmouth
Escuela Intermedia Falmouth: Donna Erikson, Joyce Hebert, Paula Hodgkins, Rick Hogan, David Legere, Cynthia Martin, Barbara Stiles, Shawn Towle*

Michigan
Escuelas Públicas de Portland
Escuela Intermedia Portland: Mark Braun, Holly DeRosia, Kathy Dole*, Angie Foote, Teri Keusch, Tammi Wardwell
Escuelas Públicas del Área de Traverse City
Elemental Bertha Vos: Kristin Sak; *Escuela Elemental Central:* Michelle Clark; Jody Meyers; *Elemental del Este:* Karrie Tufts; *Elemental Interlochen:* Mary McGee-Cullen; *Elemental Long Lake:* Julie Faulkner*, Charlie Maxbauer, Katherine Sleder; *Elemental Norris:* Hope Slanaker; *Elemental Oak Park:* Jessica Steed; *Elemental Traverse Heights:* Jennifer Wolfert; *Elemental Westwoods:* Nancy Conn; *Escuela Old Mission Peninsula:* Deb Larimer; *Preparatoria Júnior de Traverse City Este:* Ivanka Berkshire, Ruthanne Kladder, Jan Palkowski, Jane Peterson, Mary Beth Schmitt; *Preparatoria Júnior de Traverse City Oeste:* Dan Fouch*, Ray Fouch
Escuelas Públicas de Sturgis
Escuela Intermedia Sturgis: Ellen Eisele

Minnesota
Distrito Escolar 191 de Burnsville
Elemental Hidden Valley: Stephanie Cin, Jane McDevitt
Distrito Escolar 270 de Hopkins
Elemental Alice Smith: Sandra Cowing, Kathleen Gustafson, Martha Mason, Scott Stillman; *Elemental Eisenhower:* Chad Bellig, Patrick Berger, Nancy Glades, Kye Johnson, Shane Wasserman, Victoria Wilson; *Elemental Gatewood:* Sarah Ham, Julie Kloos, Janine Pung, Larry Wade; *Elemental Glen Lake:* Jacqueline Cramer, Kathy Hering, Cecelia Morris, Robb Trenda; *Elemental Katherine Curren:* Diane Bancroft, Sue DeWit, John Wilson; *Elemental L. H. Tanglen:* Kevin Athmann, Lisa Becker, Mary LaBelle, Kathy Rezac, Roberta Severson; *Elemental Meadowbrook:* Jan Gauger, Hildy Shank, Jessica Zimmerman; *Preparatoria Júnior del Norte:* Laurel Hahn, Kristin Lee, Jodi Markuson, Bruce Mestemacher, Laurel Miller, Bonnie Rinker, Jeannine Salzer, Sarah Shafer, Cam Stottler; *Preparatoria Júnior del Oeste:* Alicia Beebe, Kristie Earl, Nobu Fujii, Pam Georgetti, Susan Gilbert, Regina Nelson Johnson, Debra Lindstrom, Michele Luke*, Jon Sorenson
Distrito Escolar 1 de Minneapolis
Escuela K-8 Ann Sullivan: Bronwyn Collins; Anne Bartel* (Oficina de currículum e instrucción)
Distrito Escolar 284 de Wayzata
Escuela Intermedia Central: Sarajane Myers, Dan Nielsen, Tanya Ravenholdt
Distrito Escolar 624 de White Bear Lake
Escuela Intermedia Central: Amy Jorgenson, Michelle Reich, Brenda Sammon

Nueva York
Escuelas Públicas de la ciudad de Nueva York
IS 89: Yelena Aynbinder, Chi-Man Ng, Nina Rapaport, Joel Spengler, Phyllis Tam*, Brent Wyso; *Escuela Intermedia Wagner:* Jason Appel, Intissar Fernandez, Yee Gee Get, Richard Goldstein, Irving Marcus, Sue Norton, Bernadita Owens, Jennifer Rehn*, Kevin Yuhas

---

* indica Coordinador de Centro Pruebas de Campo

Ohio

Distrito Escolar de Talawand, Oxford
Escuela Intermedia deTalawanda:
Teresa Abrams, Larry Brock, Heather Brosey, Julie Churchman, Monna Even, Karen Fitch, Bob George, Amanda Klee, Pat Meade, Sandy Montgomery, Barbara Sherman, Lauren Steidl

Universidad de Miami
Jeffrey Wanko*

Escuelas Públicas de Springfield
Escuela Rockway: Jim Mamer

Pennsylvania

Escuelas Públicas de Pittsburgh
Kenneth Labuskes, Marianne O'Connor, Mary Lynn Raith*; *Escuela Intermedia Arthur J. Rooney:* David Hairston, Stamatina Mousetis, Alfredo Zangaro; Academia de *Estudios Internacionales Frick:* Suzanne Berry, Janet Falkowski, Constance Finseth, Romika Hodge, Frank Machi; *Escuela Intermedia Reizenstein:* Jeff Baldwin, James Brautigam, Lorena Burnett, Glen Cobbett, Michael Jordan, Margaret Lazur, Melissa Munnell, Holly Neely, Ingrid Reed, Dennis Reft

Texas

Distrito Escolar Independiente de Austin
Escuela Intermedia Bedichek: Lisa Brown, Jennifer Glasscock, Vicki Massey

Distrito Escolar Independiente de El Paso
Escuela Intermedia Cordova: Armando Aguirre, Anneliesa Durkes, Sylvia Guzman, Pat Holguin*, William Holguin, Nancy Nava, Laura Orozco, Michelle Peña, Roberta Rosen, Patsy Smith, Jeremy Wolf

Distrito Escolar Independiente de Plano
Patt Henry, James Wohlgehagen*; *Escuela Intermedia Frankford:* Mandy Baker, Cheryl Butsch, Amy Dudley, Betsy Eshelman, Janet Greene, Cort Haynes, Kathy Letchworth, Kay Marshall, Kelly McCants, Amy Reck, Judy Scott, Syndy Snyder, Lisa Wang; *Escuela Intermedia Wilson:* Darcie Bane, Amanda Bedenko, Whitney Evans, Tonelli Hatley, Sarah (Becky) Higgs, Kelly Johnston, Rebecca McElligott, Kay Neuse, Cheri Slocum, Kelli Straight

Washington

Distrito Escolar de Evergreen
Escuela Intermedia Shahala: Nicole Abrahamsen, Terry Coon*, Carey Doyle, Sheryl Drechsler, George Gemma, Gina Helland, Amy Hilario, Darla Lidyard, Sean McCarthy, Tilly Meyer, Willow Neuwelt, Todd Parsons, Brian Pederson, Stan Posey, Shawn Scott, Craig Sjoberg, Lynette Sundstrom, Charles Switzer, Luke Youngblood

Wisconsin

Distrito Escolar Unificado de Beaver Dam
Escuela Intermedia Beaver Dam: Jim Braemer, Jeanne Frick, Jessica Greatens, Barbara Link, Dennis McCormick, Karen Michels, Nancy Nichols*, Nancy Palm, Shelly Stelsel, Susan Wiggins

Escuelas Públicas de Milwaukee
Escuela Intermedia Fritsche: Peggy Brokaw, Rosann Hollinger*, Dan Homontowski, David Larson, LaRon Ramsey, Judy Roschke*, Lora Ruedt, Dorothy Schuller, Sandra Wiesen, Aaron Womack, Jr.

---

* indica Centro Coordinador de Pruebas de Campo

Revisiones de CMP para guiar el desarrollo de CMP2

Antes de empezar a escribir CMP2 o de que se hiciera el trabajo de investigación de campo, se envió la primera edición de *Connected Mathematics* a los cuerpos de profesores de distritos escolares de diversas áreas del país y a 80 asesores individuales, solicitándoles sus comentarios.

Encuestas de distrito escolar para las revisiones de CMP

Arizona
Distrito Escolar Madison #38 (Phoenix)

Arkansas
Distrito Escolar Cabot, Distrito Escolar Little Rock, Distrito Escolar Magnolia

California
Distrito Escolar Unificado de Los Angeles

Colorado
Distrito Escolar St. Vrain Valley (Longmont)

Florida
Escuelas del Condado de Leon (Tallahassee)

Illinois
Distrito Escolar #21 (Wheeling)

Indiana
Preparatoria Júnior Joseph L. Block (Este de Chicago)

Kentucky
Escuelas públicas del Condado de Fayette (Lexington)

Maine
Selección de escuelas

Massachusetts
Selección de escuelas

Michigan
Escuelas de área de Sparta

Minnesota
Distrito Escolar Hopkins

Texas
Distrito Escolar Independiente de Austin, La Colaboración para Excelencia Académica de El Paso, Distrito Escolar Independiente de Plano

Wisconsin
Escuela Intermedia Platteville

Revisores individuales de CMP

Arkansas

Deborah Cramer; Robby Frizzell *(Taylor)*; Lowell Lynde *(Universidad de Arkansas, Monticello)*; Leigh Manzer *(Norfork)*; Lynne Roberts *(Preparatoria de Emerson, Emerson)*; Tony Timms *(Escuelas públicas de Cabot)*; Judith Trowell *(Departemento de Educación Superior de Arkansas)*

California

José Alcantar *(Gilroy)*; Eugenie Belcher *(Gilroy)*; Marian Pasternack *(Lowman M. S. T. Center, North Hollywood)*; Susana Pezoa *(San Jose)*; Todd Rabusin *(Hollister)*; Margaret Siegfried *(Escuela Intermedia Ocala, San Jose)*; Polly Underwood *(Escuela Intermedia Ocala, San Jose)*

Colorado

Janeane Golliher *(Distrito Escolar St. Vrain Valley, Longmont)*; Judith Koenig *(Escuela Intermedia Nevin Platt, Boulder)*

Florida

Paige Loggins *(Escuela Intermedia Swift Creek, Tallahassee)*

Illinois

Jan Robinson *(Distrito Escolar #21, Wheeling)*

Indiana

Frances Jackson *(Preparatoria Júnior Joseph L. Block, East Chicago)*

Kentucky

Natalee Feese *(Escuelas Públicas del Condado Fayette, Lexington)*

Maine

Betsy Berry *(Alianza de Matemáticas y Ciencias de Maine, Augusta)*

Maryland

Joseph Gagnon *(Universidad de Maryland, Colegio Park)*; Paula Maccini *(Universidad de Maryland, Colegio Park)*

Massachusetts

George Cobb *(Colegio Mt. Holyoke, South Hadley)*; Cliff Kanold *(Universidad de Massachusetts, Amherst)*

Michigan

Mary Bouck *(Escuelas del área Farwell)*; Carol Dorer *(Escuela Intermedia Slauson, Ann Arbor)*; Carrie Heaney *(Escuela Intermedia Forsythe, Ann Arbor)*; Ellen Hopkins *(Escuela Intermedia Clague, Ann Arbor)*; Teri Keusch *(Escuela Intermedia Portland, Portland)*; Valerie Mills *(Escuelas Oakland, Waterford)*; Mary Beth Schmitt *(Preparatoria Júnior del Este de Traverse City, Traverse City)*; Jack Smith *(Universidad Estatal de Michigan, East Lansing)*; Rebecca Spencer *(Escuela Intermedia Sparta, Sparta)*; Ann Marie Nicoll Turner *(Escuela Intermedia Tappan, Ann Arbor)*; Scott Turner *(Escuela Intermedia Scarlett, Ann Arbor)*

Minnesota

Margarita Alvarez *(Escuela Intermedia Olson, Minneapolis)*; Jane Amundson *(Preparatoria Júnior Nicollet, Burnsville)*; Anne Bartel *(Escuelas Públicas de Minneapolis)*; Gwen Ranzau Campbell *(Escuela Intermedia Sunrise Park, White Bear Lake)*; Stephanie Cin *(Elemental Hidden Valley, Burnsville)*; Joan Garfield *(Universidad de Minnesota, Minneapolis)*; Gretchen Hall *(Escuela Intermedia Richfield, Richfield)*; Jennifer Larson *(Escuela Intermedia Olson, Minneapolis)*; Michele Luke *(Preparatoria Júnior del Oeste, Minnetonka)*; Jeni Meyer *(Preparatoria Júnior Richfield, Richfield)*; Judy Pfingsten *(Escuela Intermedia Inver Grove Heights, Inver Grove Heights)*; Sarah Shafer *(Preparatoria Júnior del Norte, Minnetonka)*; Genni Steele *(Escuela Intermedia Central, White Bear Lake)*; Victoria Wilson *(Elemental Eisenhower, Hopkins)*; Paul Zorn *(Colegio St. Olaf, Northfield)*

Nueva York

Debra Altenau-Bartolino *(Escuela Intermedia Greenwich Village, Nueva York)*; Doug Clements *(Universidad de Buffalo)*; Francis Curcio *(Universidad de Nueva York, New York)*; Christine Dorosh *(Escuela de Escritores Clinton, Brooklyn)*; Jennifer Rehn *(Escuela Intermedia del Lado Oeste, Nueva York)*; Phyllis Tam *(IS 89 Escuela Laboratorio, Nueva York)*; Marie Turini *(Escuela Intermedia Louis Armstrong, Nueva York)*; Lucy West *(Escuela Comunitaria del Distrito 2, Nueva York)*; Monica Witt *(Escuela Intermedia Simon Baruch 104, Nueva York)*

Pennsylvania

Robert Aglietti *(Pittsburgh)*; Sharon Mihalich *(Pittsburgh)*; Jennifer Plumb *(Escuela Intermedia South Hills, Pittsburgh)*; Mary Lynn Raith *(Escuelas Públicas de Pittsburgh)*

Texas

Michelle Bittick *(Distrito Escolar Independiente de Austin)*; Margaret Cregg *(Distrito Escolar Independiente de Plano)*; Sheila Cunningham *(Distrito Escolar Independiente de Klein)*; Judy Hill *(Distrito Escolar Independiente deAustin)*; Patricia Holguin *(Distrito Escolar Independiente de El Paso)*; Bonnie McNemar *(Arlington)*; Kay Neuse *(Distrito Escolar Independiente de Plano)*; Joyce Polanco *(Distrito Escolar Independiente de Austin)*; Marge Ramirez *(Universidad de Texas en El Paso)*; Pat Rossman *(Campus Baker, Austin)*; Cindy Schimek *(Houston)*; Cynthia Schneider *(Centro Charles A. Dana, Universidad de Texas en Austin)*; Uri Treisman *(Centro Charles A. Dana, Universidad de Texas en Austin)*; Jacqueline Weilmuenster *(Distrito Escolar Independiente de Grapevine-Colleyville)*; LuAnn Weynand *(San Antonio)*; Carmen Whitman *(Distrito Escolar Independiente de Austin)*; James Wohlgehagen *(Distrito Escolar Independiente de Plano)*

Washington

Ramesh Gangolli *(Universidad de Washington, Seattle)*

Wisconsin

Susan Lamon *(Universidad Marquette, Hales Corner)*; Steve Reinhart *(jubliado, Escuela Intermedia de Chippewa Falls, Eau Claire)*

Contenido

Estirar y encoger
Comprender la semejanza

Introducción a la unidad **2**

Resumen matemático. **4**

Investigación 1 Aumentar y reducir figuras **5**

1.1 **Resolver un misterio:** Introducción a la semejanza. **5**

1.2 **Estirar una figura:** Comparar figuras semejantes **7**

1.3 **Hacer modelos a escalas mayores y menores:** Lados y ángulos correspondiente **10**

ACE Tarea. **12**

Reflexiones matemáticas **20**

Investigación 2 Figuras semejantes **21**

2.1 **Dibujar a los Wump:** Hacer figuras semejantes **22**

2.2 **Sombreros de los Wump:** Cambiar el tamaño y la ubicación de una figura **24**

2.3 **Bocas y narices:** Factores de escala **25**

ACE Tarea. **28**

Reflexiones matemáticas **37**

Investigación 3 Políganos semejantes **38**

3.1 **Cuadriláteros de baldosas repetidas:** Formar baldosas repetidas con cuadriláteros semejantes **39**

3.2 **Triángulos de baldosas repetidas:** Formar baldosas repetidas con triángulos semejantes. **40**

3.3 **Factores de escala y figuras semejantes** **42**

ACE Tarea. **44**

Reflexiones matemáticas **57**

Investigación 4 Semejanza y razones **58**

4.1 **Razones dentro de paralelogramos semejantes** 60

4.2 **Razones dentro de triángulos semejantes** 62

4.3 **Hallar las partes que faltan:** Usar la semejanza para
hallar mediciones. 64

ACE **Tarea** 66

Reflexiones matemáticas 77

Investigación 5 Usar triángulos y rectángulos semejantes **78**

5.1 **Usar sombras para hallar alturas** 78

5.2 **Usar espejos para hallar alturas** 80

5.3 **Con los pies en la tierra... pero todavía fuera de alcance:**
Hallar longitudes con triángulos semejantes 82

ACE **Tarea** 84

Reflexiones matemáticas 93

Proyecto de la unidad 1: Encoger o aumentar dibujos **94**

Proyecto de la unidad 2: Figuras siempre semejantes **96**

Mira atrás y adelante **98**

Glosario español/inglés **101**

Índice **104**

Agradecimientos **107**

Estirar y encoger

Todos los días durante una semana, un maestro aparecerá disfrazado en la escuela por unos minutos. El estudiante que adivine quién es el maestro misterioso gana un premio. ¿Cómo podría una fotografía ayudar a identificar a un maestro?

Un buen mapa es semejante al lugar que representa. Puedes usar un mapa para hallar las distancias reales a cualquier lugar del mundo. ¿Cómo puedes estimar la distancia que hay entre Ciudad de El Cabo y Puerto Elizabeth en Sudáfrica?

Ésta es una foto de Duke, un perro de verdad. Si conoces el factor de escala de Duke con respecto a la foto, ¿cómo puedes determinar cuánto mide Duke desde el hocico hasta la punta de la cola?

Probablemente usas la palabra *semejante* a menudo en tus conversaciones diarias. Por ejemplo, podrías decir que una canción es semejante a otra o que la bicicleta de tu amigo es semejante a la tuya.

En muchos casos podrías usar la palabra semejante para describir objetos e imágenes que tienen la misma forma pero no el mismo tamaño. El plano que representa el suelo de una casa tiene la misma forma que el suelo real pero es mucho más pequeño. Las imágenes que se ven en una pantalla de cine tienen la misma forma que las personas y objetos reales que muestran, pero son mucho más grandes.

Cuando encargas tu fotografía escolar, puedes pedir varios tamaños, pero tu cara tendrá la misma forma en cada foto.

En esta unidad aprenderás lo que significa que dos figuras sean matemáticamente semejantes. Las ideas que aprendas pueden ayudarte a contestar preguntas como las de la página anterior.

Resumen matemático

En *Estirar y encoger*, aprenderás el significado matemático de semejanza y explorarás las propiedades de figuras semejantes.

Aprenderás a

- Identificar figuras semejantes comparando las partes correspondientes
- Usar factores de escala y razones para describir relaciones entre las longitudes de los lados de figuras semejantes
- Construir polígonos semejantes
- Dibujar figuras en cuadrículas de coordenadas y luego usar reglas de coordenadas para estirar y encoger esas figuras
- Predecir las maneras en que estirar o encoger una figura afecta a las longitudes, las mediciones de ángulos, los perímetros y las áreas
- Usar las propiedades de semejanza para hallar distancias y alturas que no puedes medir

A medida que trabajes en los problemas de esta unidad, acostúmbrate a hacerte preguntas sobre situaciones en las que haya figuras semejantes:

¿En qué se parecen y en qué se diferencian dos figuras semejantes?

¿Qué es lo que determina que dos figuras sean semejantes?

Cuando las figuras son semejantes, ¿cómo se relacionan las longitudes, las áreas y el factor de escala?

¿Cómo puedo usar información sobre figuras semejantes para resolver un problema?

Aumentar y reducir figuras

En esta investigación explorarás la manera en que algunas propiedades de una figura cambian cuando dicha figura se aumenta o se reduce.

1.1 Resolver un misterio

El Club del Misterio de la Escuela Intermedio P.I. se reúne una vez por mes. Sus miembros miran videos, comentan novelas, participan en juegos de misterio y hablan acerca de misterios de la vida real. Cierto día, un miembro anuncia que habrá un concurso en la escuela. Todos los días durante una semana, un maestro aparecerá disfrazado en la escuela por unos minutos. El estudiante que quiera puede pagar $1 para intentar adivinar la identidad del maestro misterioso. El primer estudiante que diga la respuesta correcta gana un premio.

El club entero decide participar en el concurso. Cada miembro lleva una cámara a la escuela con la esperanza de poder fotografiar al maestro misterioso.

¿Cómo podría una fotografía ayudar a identificar al maestro misterioso?

Una de las fotos de Dafne se parece al dibujo de abajo. Dafne tiene una copia de la revista *P.I. Mensual* que se muestra en el dibujo. La revista *P.I. Mensual* tiene 10 pulgadas de alto. Dafne piensa que puede usar la revista y el dibujo para estimar la altura del maestro.

A. ¿Qué crees que está pensando Dafne? Usa esta información y el dibujo para estimar la altura del maestro. Explica tu razonamiento.

El consejero del Club del Misterio dice que el dibujo es semejante a la escena real.

B. ¿Qué supones que el consejero quiere decir con *semejante*? ¿Es diferente a decir que dos estudiantes de tu clase son semejantes?

ACE La tarea empieza en la página 12.

Michelle, Dafne y Mukesh son los directivos del Club del Misterio. Mukesh diseña este volante para atraer nuevos miembros.

Dafne quiere hacer un cartel grande para anunciar la próxima reunión. Quiere volver a dibujar el logo del club, "Super Sabueso", en tamaño más grande. Michelle le muestra una manera ingeniosa de aumentar la figura usando elásticos.

Instrucciones para estirar una figura

1. Haz un "estirador de dos tiras" atando los extremos de dos elásticos idénticos. Los elásticos deben tener la misma anchura y longitud. Los elásticos de 3 pulgadas de largo sirven.

2. Toma la hoja que tiene la figura que quieres aumentar y pégala con cinta adhesiva a tu escritorio. Al lado, pega una hoja de papel en blanco. Si eres diestro/a pon la hoja en blanco a la derecha. Si eres zurdo/a ponla a la izquierda (ver el diagrama de abajo).

3. Con un dedo, sostén uno de los extremos del estirador que hiciste con los elásticos en el punto P. El punto P se llama punto de apoyo. Siempre debe quedar en el mismo lugar.

4. Coloca un lápiz en el otro extremo del estirador. Estira los elásticos con el lápiz hasta que el nudo esté en la silueta del dibujo.

5. Guía el nudo sobre el dibujo original a medida que el lápiz traza un dibujo nuevo. (No dejes que los elásticos se desplacen.) El nuevo dibujo es la **imagen** del original.

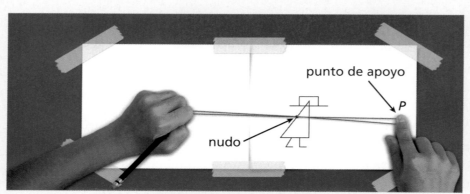

Preparación para zurdos

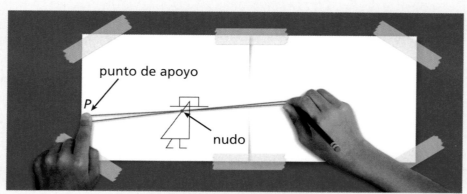

Preparación para diestros

Problema 1.2 Comparar figuras semejantes

Usa el método de los elásticos para aumentar la figura del volante del Club del Misterio. Dibuja lo más cuidadosamente posible para que puedas comparar el tamaño y la forma de la imagen con el tamaño y la forma de la figura original.

A. Di en qué se parecen y en qué se diferencian la figura original y la imagen. Compara estas características:

- la forma general de las dos figuras
- la longitud de los segmentos de recta de los sombreros y de los cuerpos
- las áreas y los perímetros de los sombreros y de los cuerpos
- los ángulos de los sombreros y de los cuerpos

Explica cada comparación que hagas. Por ejemplo, en vez de decir simplemente que las dos longitudes son diferentes, di qué longitudes estás comparando y explica en qué se diferencian.

B. Usa el estirador que hiciste con los elásticos para aumentar otra figura simple, como un círculo o un cuadrado. Compara las formas, las longitudes, las áreas, los perímetros y los ángulos generales de la figura original con los de la imagen.

ACE La tarea empieza en la página 12.

¿Lo sabías?

La policía usa la medición todo el tiempo. Por ejemplo, algunos negocios con cámaras colocan una marca en la pared a 6 pies del suelo. Cuando se filma a una persona que está cerca de la pared es más fácil estimar la altura de esa persona. Los investigadores hacen mediciones de las marcas de llantas que quedan en el lugar de un accidente de autos como ayuda para estimar la velocidad a la que iban los vehículos. Las fotografías y los moldes de huellas ayudan a la policía a determinar el tamaño y tipo de zapato, así como el peso de la persona que dejó las huellas.

Go Online
PHSchool.com

Para: Trabajo de la policía, disponible en inglés
Código Web: ane-9031

Al estudiar figuras semejantes tenemos que comparar sus lados y ángulos. Para comparar las partes correctas usamos los términos **lados correspondientes** y **ángulos correspondientes.** Cada lado de una figura tiene un lado correspondiente en la otra figura. Además, cada ángulo tiene un ángulo correspondiente. A continuación se dan los ángulos y lados correspondientes de los triángulos.

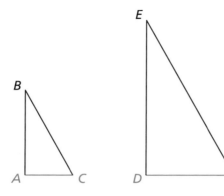

Lados correspondientes

AC y *DF*

AB y *DE*

BC y *EF*

Ángulos correspondientes

A y *D*

B y *E*

C y *F*

Dafne dice que el método de los elásticos es ingenioso, pero piensa que la fotocopiadora de la escuela puede hacer copias más precisas en una mayor variedad de tamaños. Ella hace una copia al 75% de su tamaño. Luego hace una copia al 150% de su tamaño. En la siguiente página se ven los resultados.

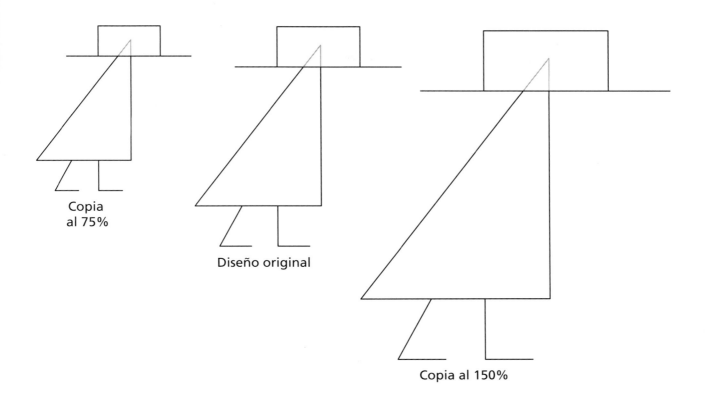

Copia
al 75%

Diseño original

Copia al 150%

Problema 1.3 Lados y ángulos correspondientes

A. Por cada copia, di en qué se asemejan las longitudes de los lados y las longitudes de los lados correspondientes del diseño original.

B. Por cada copia, di en qué se asemejan las medidas de los ángulos y las medidas de los ángulos correspondientes del diseño original.

C. Describe en qué se asemeja el perímetro del triángulo de cada copia y el perímetro del triángulo del diseño original.

D. Describe en qué se asemeja el área del triángulo de cada copia y el área del triángulo del diseño original.

E. ¿En qué se asemejan las relaciones que estableciste en las comparaciones de tamaño que hiciste en las preguntas A a D y el porcentaje del tamaño que se usó en la fotocopiadora?

ACE La tarea empieza en la página 12.

Aplicaciones

En los Ejercicios 1 y 2, usa el dibujo de la derecha, el cual muestra a una persona parada al lado de un soporte de construcción.

1. Halla la altura aproximada del soporte si la persona mide

   a. 6 pies de altura

   b. 5 pies 6 pulgadas de altura

2. Halla la altura aproximada de la persona si el soporte mide

   a. 28 pies de altura

   b. 36 pies de altura

3. Copia el cuadrado *ABCD* y el punto de apoyo *P* en una hoja de papel. Usa el método de los elásticos para aumentar la figura. Luego contesta las partes (a) a (d) que aparecen abajo.

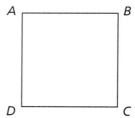

   a. ¿En qué se asemejan las longitudes de los lados de la figura original y las longitudes de los lados de la imagen?

   b. ¿En qué se asemeja el perímetro de la figura original y el perímetro de la imagen?

   c. ¿En qué se asemejan las medidas de los ángulos de la figura original y las medidas de los ángulos de la imagen?

   d. ¿En qué se asemeja el área de la figura original y el área de la imagen? ¿Cuántas copias de la figura original se necesitarían para cubrir la imagen?

4. Copia el paralelogramo *ABCD* y el punto de apoyo *P* en una hoja de papel. Usa el método de los elásticos para aumentar la figura. Luego, contesta las partes (a) a (d) del ejercicio 3 con respecto a tu diagrama.

P

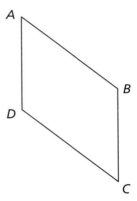

5. El diagrama de abajo es el plano original de una casa de muñecas. El diagrama de la derecha es la imagen del plano después de que lo redujiste con una fotocopiadora.

Go Online
PHSchool.com

Para: Práctica de las destrezas con opción múltiple, disponible en inglés
Código Web: ana-2154

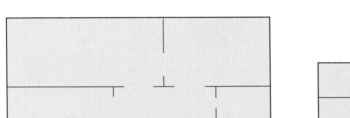

Imagen reducida

Original

a. Estima el factor de escala utilizado. Da tu respuesta en forma de porcentaje.

b. ¿En qué se asemejan las longitudes de los segmentos del plano original y las longitudes de los segmentos correspondientes de la imagen?

c. Compara el área total del plano original con el área total de la imagen. Luego, haz lo mismo con una habitación de ambos planos. ¿La relación entre las áreas de las habitaciones es la misma que la relación entre las áreas totales de los planos?

d. La escala del plano original es 1 pulgada = 1 pie. Esto quiere decir que 1 pulgada en el plano del suelo representa 1 pie en la casa de muñecas real. ¿Cuál es la escala de la copia más pequeña?

Aplicaciones

6. **Opción múltiple** Supón que reduces el diseño que aparece abajo con una máquina fotocopiadora. ¿Cuál de las siguientes podría ser la imagen?

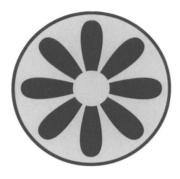

A.

B.

C.

D.

7. Supón que copias un dibujo de un polígono con el factor de escala dado. ¿En qué se asemejan las longitudes de los lados, las medidas de los ángulos y el perímetro de la imagen y los del original?

   a. 200%   **b.** 150%   **c.** 50%   **d.** 75%

Homework Help **Online**
PHSchool.com

Para: Ayuda con el ejercicio 7, disponible en inglés
Código Web: ane-2107

Conexiones

En los Ejercicios 8 a 12, halla el perímetro (o circunferencia) y el área de cada figura.

8.

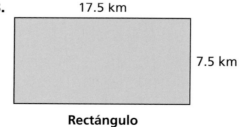

17.5 km

7.5 km

Rectángulo

9.

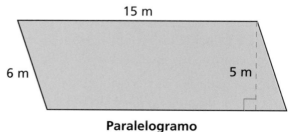

15 m

6 m   5 m

Paralelogramo

10.

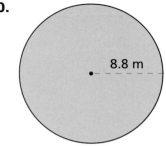

8.8 m

11.

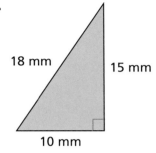

18 mm   15 mm

10 mm

12.

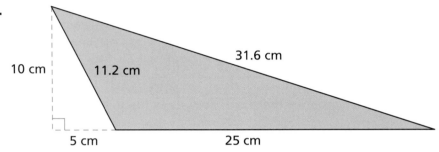

31.6 cm

10 cm   11.2 cm

5 cm   25 cm

13. Copia el círculo y el punto de apoyo *P* en una hoja de papel. Aumenta el círculo usando el estirador de dos elásticos.

•
P

C

a. ¿En qué se asemejan los diámetros de los círculos?

b. ¿En qué se asemejan las áreas de los círculos?

c. ¿En qué se asemejan las circunferencias de los círculos?

14. Halla el porcentaje dado de cada número. Muestra tu trabajo.

a. 25% de 120

b. 80% de 120

c. 120% de 80

d. 70% de 150

e. 150% de 200

f. 200% de 150

15. Opción múltiple ¿Cuánto es el 5% de impuesto de venta sobre un disco compacto de $14.00?

A. $0.07   **B.** $0.70   **C.** $7.00   **D.** $70.00

16. Opción múltiple ¿Cuánto es el 15% de propina sobre una cena de $25.50 en un restaurante?

F. $1.70   **G.** $3.83   **H.** $5.10   **J.** $38.25

17. Opción múltiple ¿Cuánto es el 28% de impuesto sobre un premio de dinero en efectivo de $600,000?

A. $16,800   **B.** $21,429   **C.** $168,000   **D.** $214,290

18. Opción múltiple ¿Cuánto es el 7.65% de impuesto de Seguro Social y Medicare sobre un cheque de $430?

F. $3.29   **G.** $5.62   **H.** $32.90   **J.** $60.13

19. Un círculo tiene un radio de 4 centímetros.

   a. ¿Cuál es la circunferencia y el área del círculo?

   b. Supón que copias el círculo al 150% de su tamaño. ¿Cuál será el radio, el diámetro, la circunferencia y el área de la imagen?

   c. Supón que copias el círculo original al 50% de su tamaño. ¿Cuál será el radio, el diámetro, la circunferencia y el área de la imagen?

20. Juan va a comprar zapatillas y encuentra dos pares que le gustan. Un par cuesta $55 y el otro cuesta $165. Hace los siguientes enunciados acerca de los precios.

   "Las zapatillas más caras cuestan $110 más que las zapatillas más baratas."

   "Las zapatillas más caras cuestan tres veces más que las zapatillas más baratas."

   a. ¿Son exactos los dos enunciados?

   b. ¿En qué se parecen los métodos de comparación que usa Juan a los métodos que se usan para comparar el tamaño y las formas de figuras semejantes?

   c. ¿Qué método es el más apropiado para comparar el tamaño y la forma de una figura aumentada o reducida con el original? Explica.

Extensiones

21. Un proyector de películas que está a 6 pies de una pantalla grande muestra una imagen rectangular que tiene 3 pies de anchura y 2 pies de altura.

    a. Supón que el proyector se mueve a un lugar que está a 12 pies de la pantalla. ¿Cuál será el tamaño de la imagen (anchura, altura y área)?

    b. Supón que el proyector se mueve a un lugar que está a 9 pies de la pantalla. ¿Cuál será el tamaño de la imagen (anchura, altura y área)?

22. El círculo B es un aumento de un círculo más pequeño A, hecho con un estirador de dos tiras. El círculo A no se muestra.

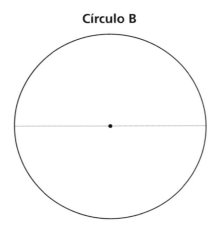

Círculo B

    a. ¿En qué se asemeja el diámetro del círculo B y el diámetro del círculo A?

    b. ¿En qué se asemeja el área del círculo B y el área del círculo A?

    c. ¿En qué se asemeja la circunferencia del círculo B y la circunferencia del círculo A?

23. Haz un estirador de tres tiras atando tres elásticos. Usa este estirador para aumentar el dibujo de "Super Sabueso" del problema 1.2.

   a. ¿En qué se asemeja la forma de la imagen con la forma de la figura original?

   b. ¿En qué se asemejan las longitudes de los segmentos de las dos figuras?

   c. ¿En qué se asemejan las áreas de las dos figuras?

24. A continuación se muestran dos copias de un círculo pequeño, una al lado de la otra, dentro de un círculo grande. El diámetro del círculo grande es de 2 pulgadas.

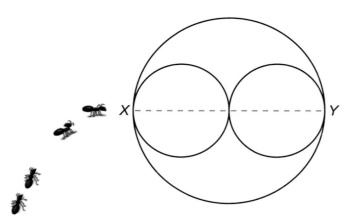

   a. ¿Cuál es el área combinada de los dos círculos pequeños?

   b. ¿Cuál es el área de la región que está dentro del círculo grande y que *no* está cubierta por los dos círculos pequeños?

   c. Supón que una hormiga camina de X a Y. La hormiga camina solamente por el perímetro de los círculos. Describe los caminos posibles que la hormiga puede recorrer. ¿Qué camino es el más corto? Explica tu respuesta.

25. Supón que aumentas algunos triángulos, cuadrados y círculos con un estirador de dos tiras. Usas un punto de apoyo dentro de la figura original, como se muestra en los bosquejos de abajo.

a. En cada caso, ¿en qué se asemejan la forma y la posición de la imagen y la forma y la posición del original?

b. ¿Qué relaciones esperas hallar entre las longitudes de los lados, las medidas de los ángulos, los perímetros y las áreas de las figuras?

c. Prueba tus ideas con copias más grandes de las figuras dadas. Asegúrate de que la distancia más corta desde el punto de apoyo hasta cualquier lado de la figura sea de por lo menos la longitud de una tira.

26. Supón que haces un estirador con dos elásticos de diferentes tamaños. El elástico que está sujeto al punto de apoyo es dos veces más largo que el elástico que está unido al lápiz.

a. Si usas el estirador para aumentar polígonos, ¿qué relaciones esperas hallar entre las longitudes de los lados, las medidas de los ángulos, los perímetros y las áreas de las figuras?

b. Prueba tus ideas con copias de algunas figuras geométricas básicas.

Extensiones

Reflexiones matemáticas 1

En esta investigación resolviste problemas que requerían aumentar (estirar) y reducir (encoger) figuras. Usaste estiradores hechos con elásticos y máquinas fotocopiadoras. Las siguientes preguntas te ayudarán a resumir lo que aprendiste.

Piensa en las respuestas a estas preguntas. Comenta tus ideas con otros estudiantes y con tu maestro/a. Luego, en tu cuaderno, escribe un resumen de lo que aprendiste.

1. Cuando aumentas o reduces una figura, ¿qué características no cambian?

2. Cuando aumentas o reduces una figura, ¿qué características cambian?

3. Los estiradores hechos con elásticos, las máquinas fotocopiadoras, los proyectores de transparencias y los proyectores de películas crean imágenes semejantes a las figuras originales. ¿Qué quiere decir que dos figuras son semejantes? Según esto, ¿cómo puedes completar la oración de abajo?

"Dos figuras geométricas son semejantes si . . ."

Figuras semejantes

Zack y Marta quieren diseñar un juego de computadora en el que participen varios personajes animados. Marta le pregunta a su tío Carlos, que es programador de una compañía de videojuegos, acerca de la animación por computadora.

Carlos le explica que se puede imaginar a la pantalla de la computadora como una cuadrícula formada por miles de puntos pequeños, llamados pixeles. Para animar una figura, tienes que introducir las coordenadas de los puntos clave de la figura. La computadora usa esos puntos clave para dibujar la figura en diferentes posiciones.

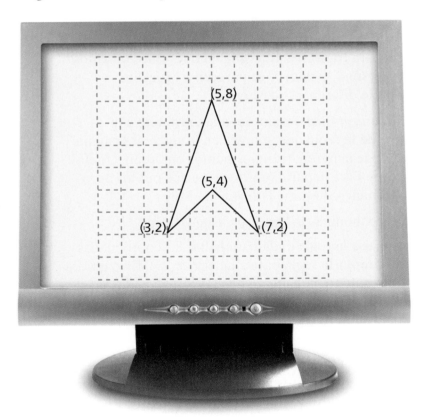

A veces las figuras de un juego de computadora tienen que cambiar de tamaño. Una computadora puede hacer que una figura sea más grande o más pequeña si le das una regla para que encuentre los puntos clave de la nueva figura, usando los puntos clave de la figura original.

El juego de Zack y Marta trata de la familia Wump. Los integrantes de la familia Wump tienen varios tamaños pero todos tienen la misma forma. Es decir, que son semejantes. Mug Wump es el personaje principal del juego. Al aumentar o reducir a Mug, el jugador puede transformarlo en otro integrante de la familia Wump.

Zack y Marta experimentan aumentando y reduciendo figuras en una cuadrícula de coordenadas. Primero, Zack dibuja a Mug Wump en papel cuadriculado. Luego, nombra los puntos clave desde A a X y hace una lista con las coordenadas de cada punto. Marta escribe las reglas que transformarán a Mug en diferentes tamaños.

Problema 2.1 Hacer figuras semejantes

Marta prueba varias reglas para transformar a Mug en diferentes tamaños. A primera vista, todos los personajes nuevos se parecen a Mug. Sin embargo, algunos son bastante diferentes de Mug.

A. Para dibujar a Mug en una gráfica de coordenadas, remítete a la columna "Mug Wump" de la tabla que aparece en la siguiente página. Para las partes (1) a (3) de la figura, traza los puntos en orden. Únelos a medida que los dibujes. Para la parte (4), traza los dos puntos pero no los unas. Cuando termines, describe la forma de Mug.

B. En la tabla, observa las columnas de Zug, Lug, Bug y Glug.

   1. Para cada personaje, usa la regla dada para hallar las coordenadas de los puntos. Por ejemplo, la regla para Zug es $(2x, 2y)$. Esto quiere decir que tienes que multiplicar cada una de las coordenadas de Mug por 2. El punto A de Mug es $(0, 1)$, por lo tanto el punto correspondiente de Zug es $(0, 2)$. El punto B de Mug es $(2, 1)$, por lo tanto el punto B correspondiente de Zug es $(4, 2)$.

   2. Dibuja a Zug, Lug, Bug y Glug en diferentes gráficas de coordenadas. Traza y une los puntos de cada figura, como lo hiciste cuando dibujaste a Mug.

C. 1. Compara a los personajes con Mug. ¿Cuáles son los impostores?

   2. ¿Qué cosas son iguales en Mug y los demás?

   3. ¿Qué cosas son distintas en los cinco personajes?

ACE La tarea empieza en la página 28.

Coordenadas de los personajes del juego

Punto	Mug Wump (x, y)	Zug $(2x, 2y)$	Lug $(3x, y)$	Bug $(3x, 3y)$	Glug $(x, 3y)$
Regla					
Punto	Parte 1				
A	(0, 1)	(0, 2)			
B	(2, 1)	(4, 2)			
C	(2, 0)				
D	(3, 0)				
E	(3, 1)				
F	(5, 1)				
G	(5, 0)				
H	(6, 0)				
I	(6, 1)				
J	(8, 1)				
K	(6, 7)				
L	(2, 7)				
M	(0, 1)				
	Parte 2 (Empieza de nuevo)				
N	(2, 2)				
O	(6, 2)				
P	(6, 3)				
Q	(2, 3)				
R	(2, 2)				
	Parte 3 (Empieza de nuevo)				
S	(3, 4)				
T	(4, 5)				
U	(5, 4)				
V	(3, 4)				
	Parte 4 (Empieza de nuevo)				
W	(2, 5) (traza un punto)				
X	(6, 5) (traza un punto)				

Sombreros de los Wump

Zack experimenta multiplicando las coordenadas de Mug por diferentes números enteros para hacer otros personajes. Marta le pregunta a su tío de qué manera afectará la forma de Mug el hecho de multiplicar las coordenadas por un decimal, o de sumar o restar números a cada coordenada. El tío le da un bosquejo de una figura nueva (un sombrero para Mug) y algunas reglas para probar.

El sombrero de Mug

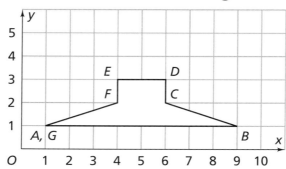

Problema 2.2 Cambiar el tamaño y la ubicación de una figura

A. Mira las reglas para los sombreros 1 a 5 que aparecen en la tabla. Antes de buscar ninguna coordenada, predice de qué manera cada regla cambiará el sombrero de Mug.

B. Copia y completa la tabla. Indica las coordenadas del sombrero de Mug y de los otros cinco sombreros. Traza cada sombrero nuevo en su propia cuadrícula de coordenadas y une los puntos a medida que los trazas.

Reglas para el sombrero de Mug

Punto	Sombrero de Mug	Sombrero 1	Sombrero 2	Sombrero 3	Sombrero 4	Sombrero 5
	(x, y)	$(x + 2, y + 3)$	$(x - 1, y + 4)$	$(x + 2, 3y)$	$(0.5x, 0.5y)$	$(2x, 3y)$
A	(1, 1)					
B	(9, 1)					
C						
D						
E						
F						
G						

C. 1. Compara los ángulos y las medidas de los lados de los sombreros.

    2. ¿Qué sombreros son semejantes al sombrero de Mug? Explica por qué.

D. Escribe reglas para hacer sombreros semejantes al de Mug en cada una de las siguientes maneras.

    1. Las longitudes de los lados son un tercio del largo de los de Mug.

    2. Las longitudes de los lados son 1.5 veces más largas que las de Mug.

    3. El sombrero tiene el mismo tamaño que el de Mug, pero se ha movido 1 unidad a la derecha y 5 unidades hacia arriba.

E. Escribe una regla que haga un sombrero que *no* sea semejante al de Mug.

ACE La tarea empieza en la página 28.

2.3 Bocas y narices

*¿**C**ómo decidiste qué personajes del juego de computadora eran integrantes de la familia Wump y cuáles eran impostores?*

En general, ¿cómo puedes decidir si dos figuras son semejantes o no?

Tus experimentos con estiradores hechos con elásticos, fotocopiadoras y diagramas en coordenadas sugieren que para que dos figuras sean **semejantes** debe existir la siguiente correspondencia entre dichas figuras.

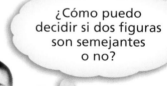

¿Cómo puedo decidir si dos figuras son semejantes o no?

- Las longitudes de los lados de una figura se multiplican por el mismo número para obtener las longitudes de los lados correspondientes de la segunda figura.

- Los ángulos correspondientes tienen la misma medida.

El número por el que se puede multiplicar las longitudes de los lados de una figura para obtener las longitudes de los lados correspondientes de la otra figura se llama **factor de escala.**

Los siguientes rectángulos son semejantes. El factor de escala del rectángulo más pequeño con respecto al rectángulo más grande es de 3.

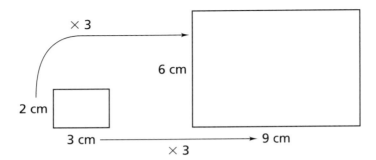

- ¿Cuál es el factor de escala del rectángulo más grande con respecto al rectángulo más pequeño?

El diagrama muestra un grupo de bocas (rectángulos) y narices (triángulos) de la familia Wump y de algunos impostores.

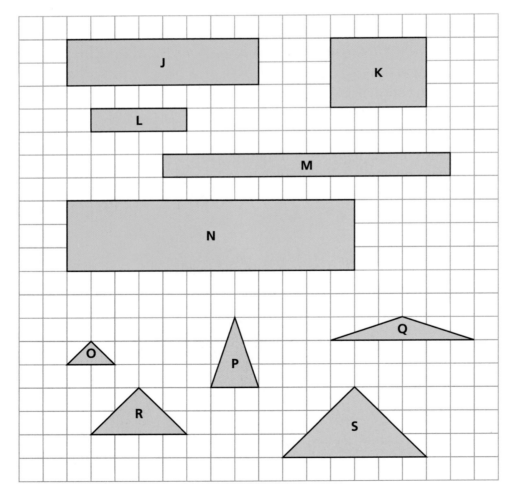

Problema 2.3 Factores de escala

A. Después de estudiar las narices y las bocas del diagrama, Marta y Zack estuvieron de acuerdo en que los rectángulos J y L son semejantes. Sin embargo, Marta dice que el factor de escala es 2 mientras que Zack dice que es 0.5. ¿Alguno de ellos tiene razón? ¿Cómo describirías el factor de escala para que no haya confusión?

B. Decide qué pares de rectángulos son semejantes y halla el factor de escala.

C. Decide qué pares de triángulos son semejantes y halla el factor de escala.

D. 1. ¿Puedes usar los factores de escala que hallaste en la pregunta B para predecir la relación que hay entre el perímetro de cada par de rectángulos semejantes? Explica tu respuesta.

2. ¿Puedes usar los factores de escala de la pregunta B para predecir la relación que hay entre las áreas de cada par de rectángulos semejantes? Explica tu respuesta.

E. Para las partes (1) a (3), dibuja las figuras en papel cuadriculado.

1. Dibuja un rectángulo semejante al rectángulo J pero más grande que cualquiera de los rectángulos que se muestran en el diagrama. ¿Cuál es el factor de escala del rectángulo J con respecto a tu rectángulo?

2. Dibuja un triángulo que *no* sea semejante a ningún triángulo de los que se muestran en el diagrama.

3. Dibuja un rectángulo que *no* sea semejante a ningún rectángulo de los que se muestran en el diagrama.

F. Explica cómo se halla el factor de escala de una figura con respecto a una figura semejante.

ACE La tarea empieza en la página 28.

¿Lo sabías?

Puedes hacer figuras y luego rotarlas, deslizarlas, voltearlas, estirarlas y copiarlas usando programas gráficos de computadora. Hay dos tipos básicos de programas gráficos. Los programas para dibujar pueden crear imágenes a partir de pixeles (esta palabra es una manera corta de decir *picture elements* en inglés, que significa "elementos de dibujo"). Los programas de dibujo crean imágenes a partir de líneas que se dibujan por medio de ecuaciones matemáticas.

Las imágenes que creas con programas gráficos se muestran en la pantalla de la computadora. Un rayo de electrones activa una sustancia química, llamada fósforo, en la pantalla para que las imágenes aparezcan en ella. Si tienes una computadora portátil con pantalla de cristal líquido, las imágenes aparecen en la pantalla por medio de una corriente eléctrica.

Para: Información acerca de imágenes por computadora, disponible en inglés
Código Web: ane-9031

Aplicaciones

1. Esta tabla da las coordenadas principales para dibujar la boca y la nariz de Mug Wump. También da reglas para hallar los puntos correspondientes de los otros cuatro personajes; algunos son integrantes de la familia Wump y otros son impostores.

Coordenadas de los personajes

	Mug Wump	Glum	Sum	Tum	Crum
Regla	(x, y)	(1.5x, 1.5y)	(3x, 2y)	(4x, 4y)	(2x, y)
Punto	Boca				
M	(2, 2)				
N	(6, 2)				
O	(6, 3)				
P	(2, 3)				
Q	(2, 2) (une Q con M)				
	Nariz (Empieza de nuevo)				
R	(3, 4)				
S	(4, 5)				
T	(5, 4)				
U	(3, 4) (une U con R)				

a. Antes de hallar las coordenadas o puntos para trazar, predice qué personajes son los impostores.

b. Copia y completa la tabla. Luego traza las figuras en papel cuadriculado. Rotula cada figura.

c. ¿Cuáles de los personajes nuevos (Glum, Sum, Tum y Crum) son integrantes de la familia Wump y cuáles son impostores?

d. Escoge a uno de los nuevos Wump. ¿En qué se asemejan las mediciones de la boca y de la nariz (longitudes de lados, perímetro, área, medidas de ángulos) con los de Mug Wump?

e. Escoge a uno de los impostores. ¿En qué se asemejan las mediciones de la boca y de la nariz con las de Mug Wump? ¿Cuáles son las dimensiones?

f. ¿Lo que hallaste en las partes (b) a (e) apoya las predicciones que hiciste en la parte (a)? Explica tu respuesta.

2. a. En un papel cuadriculado, diseña un personaje parecido a Mug. Ponle ojos, nariz y boca.

   b. Da coordenadas para que otra persona pueda dibujar a tu personaje.

   c. Escribe una regla para hallar las coordenadas de un integrante de la familia de tu personaje. Comprueba la regla trazando la figura.

   d. Escribe una regla para hallar las coordenadas de un impostor. Comprueba la regla trazando la figura.

3. a. En un papel cuadriculado, dibuja el triángulo ABC con coordenadas para los vértices $A(0, 2)$, $B(6, 2)$ y $C(4, 4)$.

Go Online
PHSchool.com

Para: Práctica de las destrezas con opción múltiple, disponible en inglés
Código Web: ana-2254

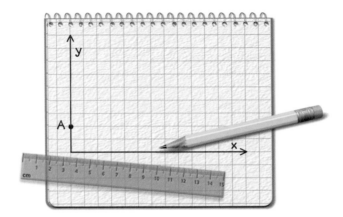

   b. Aplica la regla $(1.5x, 1.5y)$ a los vértices del triángulo ABC para obtener el triángulo PQR. Compara las mediciones correspondientes (longitudes de lados, perímetro, área, medidas de ángulos) de los dos triángulos.

   c. Aplica la regla $(2x, 0.5y)$ a los vértices del triángulo ABC para obtener el triángulo FGH. Compara las mediciones correspondientes (longitudes de lados, perímetro, área, medidas de ángulos) de los dos triángulos.

   d. ¿Cuál de los dos triángulos, PQR o FGH, parece semejante al triángulo ABC? ¿Por qué?

4. a. En un papel cuadriculado, dibuja el paralelogramo $ABCD$ con coordenadas de los vértices $A(0, 2)$, $B(6, 2)$, $C(8, 6)$ y $D(2, 6)$.

   b. Escribe una regla para hallar las coordenadas de los vértices de un paralelogramo $PQRS$ que sea semejante pero más grande que $ABCD$. Prueba la regla para ver si funciona.

   c. Escribe una regla para hallar las coordenadas de los vértices de un paralelogramo $TUVW$ que sea semejante pero más pequeño que $ABCD$. Prueba la regla.

En los Ejercicios 5 y 6, estudia la forma y el tamaño de los polígonos que se muestran en la cuadrícula de abajo.

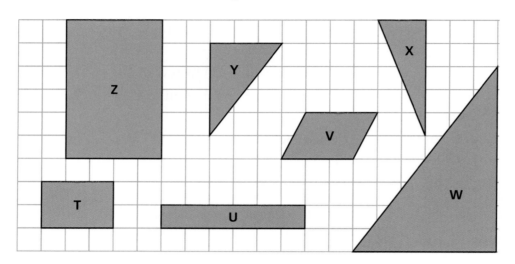

5. **Opción múltiple** Escoge el par de figuras semejantes.

   A. Z y U   **B.** U y T   **C.** X e Y   **D.** Y y W

6. Busca otro par de figuras semejantes. ¿Cómo sabes que son semejantes?

Homework Help Online
PHSchool.com
Para: Ayuda con el Ejercicio 6, disponible en inglés
Código Web: ane-2206

7. Copia exactamente las figuras de abajo en un papel cuadriculado.

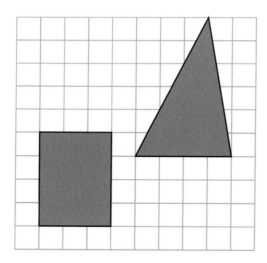

   a. Haz un rectángulo que sea semejante, pero no idéntico, al rectángulo dado.

   b. Haz un triángulo que sea semejante, pero no idéntico, al triángulo dado.

   c. ¿Cómo sabes que las figuras que hiciste son semejantes a las figuras originales?

8. Usa el diagrama de dos polígonos semejantes.

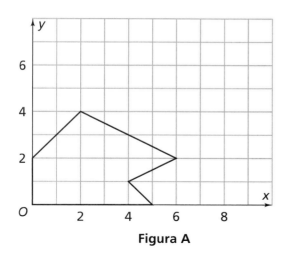

Figura A

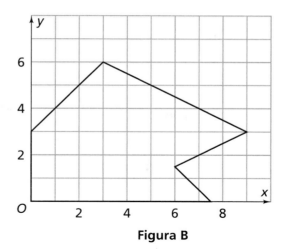

Figura B

a. Escribe una regla para hallar las coordenadas de un punto de la figura B a partir del punto correspondiente en la figura A.

b. Escribe una regla para hallar las coordenadas de un punto en la figura A a partir del punto correspondiente en la figura B.

c. i. ¿Cuál es el factor de escala desde la figura A a la figura B?

ii. Usa el factor de escala para describir de qué manera el perímetro y el área de la figura B están relacionados con el perímetro y el área de la figura A.

d. i. ¿Cuál es el factor de escala desde la figura B a la figura A?

ii. Usa el factor de escala para describir de qué manera el perímetro y el área de la figura A están relacionados con el perímetro y el área de la figura B.

9. a. Supón que haces la figura C aplicando la regla $(2x, 2y)$ a los puntos de la figura A del Ejercicio 8. Halla las coordenadas de los vértices de la figura C.

b. i. ¿Cuál es el factor de escala desde la figura A a la figura C?

ii. Usa el factor de escala para describir de qué manera el perímetro y el área de la figura C están relacionados con el perímetro y el área de la figura A.

c. i. ¿Cuál es el factor de escala desde la figura C a la figura A?

ii. Usa el factor de escala para describir de qué manera el perímetro y el área de la figura A están relacionados con el perímetro y el área de la figura C.

iii. Escribe una regla de coordenadas en la forma (mx, my) que se pueda usar para hallar las coordenadas de cualquier punto de la figura A a partir de los puntos correspondientes de la figura C.

10. ¿Cuál es el factor de escala desde una figura original hasta su imagen si la imagen se hace con los métodos dados?

a. un estirador de dos elásticos

b. una máquina fotocopiadora que hace imágenes al 150% de su tamaño

c. una máquina fotocopiadora que hace imágenes al 250% de su tamaño

d. la regla de coordenadas $(0.75x, 0.75y)$

11. a. Estudia los polígonos de abajo. ¿Qué pares parecen ser figuras semejantes?

b. Para cada par de figuras semejantes, haz una lista de los lados y los ángulos correspondientes.

c. Para cada par de figuras semejantes, estima el factor de escala que relaciona las longitudes de los lados de la figura más grande con las longitudes de los lados correspondientes de la figura más pequeña.

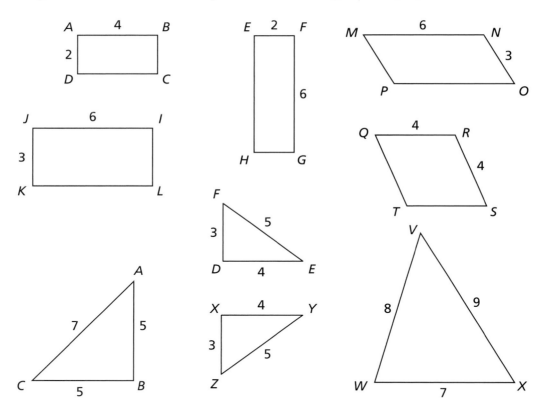

12. Haz un rectángulo con un área de 14 centímetros cuadrados en un papel cuadriculado. Rotúlalo *ABCD*.

a. Escribe y usa una regla de coordenadas que haga un rectángulo semejante al rectángulo *ABCD* y que sea tres veces más largo y tres veces más ancho que éste. Rotúlalo *EFGH*.

b. ¿En qué se asemeja el perímetro del rectángulo *EFGH* con el perímetro del rectángulo *ABCD*?

c. ¿En qué se asemeja el área del rectángulo *EFGH* con el área del rectángulo *ABCD*?

d. ¿Qué relación hay entre tus respuestas a las partes (b) y (c) y el factor de escala desde el rectángulo *ABCD* hasta el rectángulo *EFGH*?

13. Supón que un estudiante dibuja las figuras de abajo. El estudiante dice que las dos figuras son semejantes porque hay un factor de escala común a todos los lados. Los lados de la figura más grande son dos veces más largos que los de la figura más pequeña. ¿Qué le dices al estudiante para explicarle por qué *no* son semejantes?

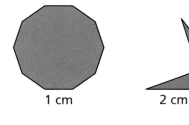

1 cm   2 cm

Conexiones

En los Ejercicios 14 y 15, se aplica la regla $\left(x, \frac{3}{4}y\right)$ a un polígono.

14. ¿Es la imagen semejante al polígono original? Explica tu respuesta.

15. El punto dado es parte del polígono original. Halla la imagen del punto.

    a. $(6, 8)$ **b.** $(9, 8)$ **c.** $\left(\frac{3}{2}, \frac{4}{3}\right)$

Opción múltiple En los Ejercicios 16 y 17, ¿cuál es el factor de escala en forma de porcentaje que resultará si se aplica la regla al punto (x, y) de una cuadrícula de coordenadas?

16. $(1.5x, 1.5y)$

    A. 150%   **B.** 15%   **C.** 1.5%   **D.** Ninguno de éstos

17. $(0.7x, 0.7y)$

    F. 700%   **G.** 7%   **H.** 0.7%   **J.** Ninguno de éstos

18. Se aplica la regla $\left(x + \frac{2}{3}, y - \frac{3}{4}\right)$ a un polígono. Halla las coordenadas del punto de la imagen que corresponda a cada uno de estos puntos del polígono original.

a. $(5, 3)$ **b.** $\left(\frac{1}{6}, \frac{11}{12}\right)$ **c.** $\left(\frac{9}{12}, \frac{4}{5}\right)$

19. Un buen mapa es semejante al lugar que representa. Abajo se muestra un mapa de Sudáfrica.

a. Usa el factor de escala para estimar la distancia que hay entre Ciudad de El Cabo y Puerto Elizabeth.

b. Usa el factor de escala para estimar la distancia que hay entre Johannesburgo y East London.

c. ¿Qué relación hay entre la escala del mapa y un "factor de escala"?

Halla los cocientes.

20. $\frac{1}{2} \div \frac{1}{4}$ **21.** $\frac{1}{4} \div \frac{1}{2}$ **22.** $\frac{3}{7} \div \frac{4}{7}$

23. $\frac{4}{7} \div \frac{3}{7}$ **24.** $\frac{3}{2} \div \frac{3}{5}$ **25.** $1\frac{1}{2} \div \frac{3}{8}$

26. En una venta de galletas de la escuela, 0.72 de un pan de maíz quedó sin vender. Cada porción tiene 0.04 de un pan.

a. ¿Cuántas porciones sobraron?

b. Usa una cuadrícula de centésimas para mostrar tu razonamiento.

27. Cada pizza lleva 0.3 de una barra grande de queso. A Charlie le sobró 0.8 de una barra de queso.

   a. ¿Cuántas pizzas puede hacer?

   b. Usa un diagrama para mostrar tu razonamiento.

28. Usa la cuadrícula para las partes (a) a (c).

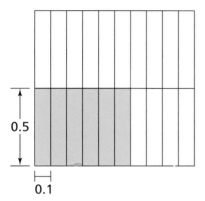

   a. ¿Qué parte de la cuadrícula está sombreada?

   b. Si la cuadrícula muestra la parte de una fuente de bocadillos de espinaca que sobraron, ¿cuántas porciones sobraron si cada porción es 0.04?

   c. Usa el dibujo de la cuadrícula para confirmar tu respuesta.

Extensiones

29. Selecciona el dibujo de un personaje de una tira cómica de un periódico o de una revista. Traza una cuadrícula sobre la figura o pega una cuadrícula transparente sobre la figura. Identifica los puntos clave de la figura y luego aumenta la figura usando cada una de estas reglas. ¿Qué figuras son semejantes? Explica tu respuesta.

   a. $(2x, 2y)$ **b.** $(x, 2y)$ **c.** $(2x, y)$

30. Supón que aplicas la regla $(3x + 1, 3y - 4)$ para transformar a Mug Wump en una figura nueva.

   a. ¿En qué se asemejarán las medidas de los ángulos de la figura nueva con las medidas de los ángulos correspondientes de Mug?

   b. ¿En qué se asemejarán las longitudes de los lados de la figura nueva con las longitudes de los lados correspondientes de Mug?

   c. ¿En qué se asemejarán el área y el perímetro de la figura nueva con el área y el perímetro de Mug?

31. A continuación se dan los vértices de tres triángulos semejantes.

- triángulo ABC: $A(1, 2)$, $B(4, 3)$, $C(2, 5)$
- triángulo DEF: $D(3, 6)$, $E(12, 9)$, $F(6, 15)$
- triángulo GHI: $G(5, 9)$, $H(14, 12)$, $I(8, 18)$

   a. Halla una regla que cambie los vértices del triángulo ABC a los vértices del triángulo DEF.

   b. Halla una regla que cambie los vértices del triángulo DEF a los vértices del triángulo GHI.

   c. Halla una regla que cambie los vértices del triángulo ABC a los vértices del triángulo GHI.

32. Si dibujaras a Mug y su sombrero en la misma cuadrícula, el sombrero estaría en los pies en vez de la cabeza.

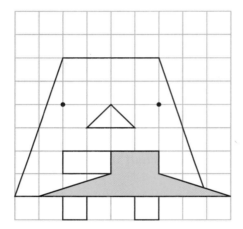

   a. Escribe una regla que ponga el sombrero de Mug en el centro de su cabeza.

   b. Escribe una regla que cambie el sombrero de Mug para que le entre a Zug y lo ponga en la cabeza de Zug.

   c. Escribe una regla que cambie el sombrero de Mug para que le entre a Lug y lo ponga en la cabeza de Lug.

33. A veces las películas se modifican para que quepan en la pantalla de TV. Averigua qué significa eso. ¿Qué es exactamente lo que se modifica? Si Mug está en una película que ha sido modificada, ¿sigue siendo un Wump cuando lo ves en la pantalla de TV?

Reflexiones matemáticas 2

En esta investigación dibujaste un personaje llamado Mug Wump en una cuadrícula de coordenadas. Luego usaste reglas para transformar a Mug en otros personajes. Algunos de los personajes que hiciste eran semejantes a Mug Wump y otros no. Las siguientes preguntas te ayudarán a resumir lo que aprendiste.

Piensa en las respuestas a estas preguntas. Comenta tus ideas con otros estudiantes y con tu maestro/a. Luego, en tu cuaderno, escribe un resumen de lo que aprendiste.

1. ¿Cómo decidiste qué personajes eran semejantes a Mug Wump y cuáles *no* eran semejantes?

2. ¿Qué tipo de reglas produjeron figuras semejantes a Mug Wump? Explica tu respuesta.

3. ¿Qué tipo de reglas produjeron figuras que *no* eran semejantes a Mug Wump? Explica tu respuesta.

4. Cuando una figura se transforma para hacer una figura semejante, algunas características cambian y algunas se mantienen igual. ¿Qué te indica el factor de escala acerca de los cambios de una figura?

Polígonos semejantes

En *Figuras y diseños* aprendiste que algunos polígonos se pueden unir para cubrir, o embaldosar, una superficie plana. Por ejemplo, la superficie de un panal de abejas se cubre con un patrón de hexágonos regulares. Muchos suelos de baños y cocinas se cubren con un patrón de baldosas cuadradas.

 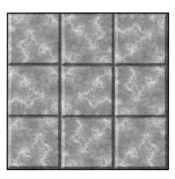

Si observas con atención el patrón de cuadrados de arriba a la derecha, puedes ver que el cuadrado más grande, el cual está formado por nueve cuadrados pequeños, es semejante a cada uno de los nueve cuadrados pequeños. Los lados del cuadrado de nueve baldosas están formados por tres cuadrados pequeños, por lo tanto el factor de escala desde el cuadrado más pequeño al cuadrado de nueve baldosas es 3. También puedes tomar cuatro cuadrados pequeños y unirlos para formar un cuadrado de cuatro baldosas que es semejante al cuadrado de nueve baldosas. En ese caso, el factor de escala es 2.

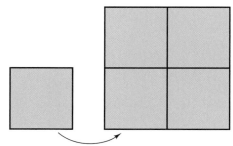

Semejante; el factor de escala es 2.

Sin embargo, aunque observes con muchísima atención un patrón de hexágonos, no podrás encontrar un hexágono más grande formado por hexágonos semejantes más pequeños.

Si se unen copias congruentes de una figura para formar una figura semejante más grande, la figura original se llama **baldosa repetida.** Un cuadrado es una baldosa repetida pero un hexágono no.

En el siguiente problema verás si los rectángulos y los cuadriláteros que no son rectángulos también son baldosas repetidas.

Problema 3.1 Formar baldosas repetidas con cuadriláteros semejantes

Dibuja un bosquejo y haz varias copias de cada una de las siguientes figuras:

- un rectángulo que no sea un cuadrado
- un paralelogramo que no sea un rectángulo
- un trapecio

A. ¿Cuáles de estas figuras se pueden unir para formar una figura más grande que sea semejante a la original? Haz un bosquejo para mostrar cómo encajan las copias.

B. Observa los dibujos que hiciste en la pregunta A.

1. ¿Cuál es el factor de escala desde la figura original a la figura más grande? Explica tu respuesta.

2. ¿Qué relación hay entre el perímetro de la figura nueva y el perímetro de la original?

3. ¿Qué relación hay entre el área de la figura nueva y el área de la original?

C. 1. Amplía los patrones de baldosas repetidas que hiciste en la pregunta A. Para hacer eso, agrega copias de la figura original para formar figuras más grandes que sean semejantes a la original.

2. Haz dibujos para mostrar cómo encajan las figuras.

3. Halla el factor de escala desde cada figura original a cada figura nueva. Explica tu respuesta.

4. Explica lo que indica el factor de escala con respecto a las longitudes de lado, los perímetros y las áreas correspondientes.

ACE La tarea empieza en la página 44.

3.2 Triángulos de baldosas repetidas

Si bien las baldosas repetidas tienen que teselar, no todas las figuras que teselan son baldosas repetidas.

¿Son baldosas repetidas los pájaros de la teselación de abajo?

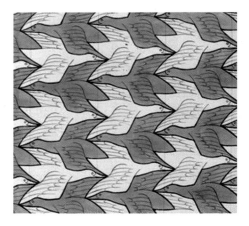

Todos los triángulos teselan. ¿Son baldosas repetidas todos los triángulos?

Problema 3.2 Formar baldosas repetidas con triángulos semejantes

Haz un bosquejo y varias copias de cada una de las siguientes figuras:

- un triángulo rectángulo
- un triángulo isósceles
- un triángulo escaleno

A. ¿Cuáles de estos triángulos se pueden unir para formar un triángulo más grande que sea semejante al original? Haz un dibujo para mostrar cómo encajan las copias.

B. Observa los dibujos que hiciste en la pregunta A.

1. ¿Cuál es el factor de escala desde cada triángulo original a cada triángulo más grande? Explica tu respuesta.

2. ¿Qué relación hay entre el perímetro del triángulo nuevo y el perímetro del original?

3. ¿Qué relación hay entre el área del triángulo nuevo y el área del original?

C. 1. Amplía los patrones de baldosas repetidas que hiciste en la pregunta A. Para hacer eso, agrega copias del triángulo original para formar triángulos más grandes que sean semejantes al original.

2. Haz dibujos para mostrar cómo encajan los triángulos.

3. Halla el factor de escala desde cada triángulo original a cada triángulo nuevo. Explica tu respuesta.

4. Explica lo que indica el factor de escala con respecto a las longitudes de lado, los perímetros y las áreas correspondientes.

D. Estudia los patrones de baldosas repetidas. Fíjate si puedes hallar una estrategia para dividir cada uno de los triángulos que aparecen abajo en cuatro o más triángulos semejantes. Haz dibujos para mostrar tus ideas.

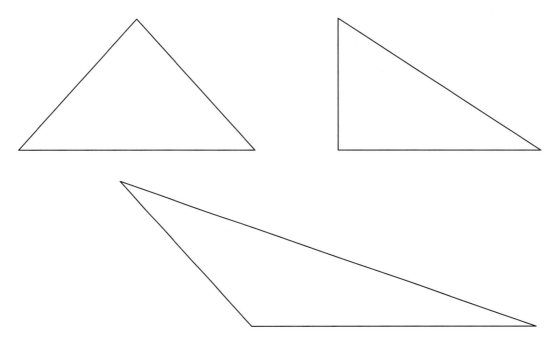

ACE La tarea empieza en la página 44.

3.3 Factores de escala y figuras semejantes

Sabes que el factor de escala de una figura a una figura semejante te da información sobre la relación que hay entre las longitudes de lados, los perímetros y las áreas de las figuras. En el siguiente problema usarás lo que aprendiste.

Problema 3.3 Factores de escala y figuras semejantes

En las preguntas A y B, usa las dos figuras de la cuadrícula.

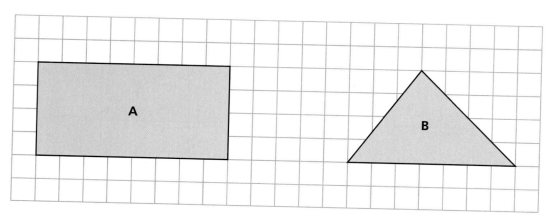

A. En las partes (1) a (3), haz un rectángulo semejante al rectángulo A, que cumpla con la descripción dada. Halla la base y la altura de cada rectángulo nuevo.

1. El factor de escala desde el rectángulo A al rectángulo nuevo es 2.5.

2. El área del rectángulo nuevo es $\frac{1}{4}$ del área del rectángulo A.

3. El perímetro del rectángulo nuevo es tres veces el perímetro del rectángulo A.

B. En las partes (1) y (2), haz un triángulo semejante al triángulo B, que cumpla con la descripción dada. Halla la base y la altura de cada triángulo nuevo.

1. El área del triángulo nuevo es nueve veces el área del triángulo B.

2. El factor de escala desde el triángulo B al triángulo nuevo es $\frac{1}{2}$.

C. 1. Los rectángulos *ABCD* y *EFGH* son semejantes. Halla la longitud del lado *AD*. Explica tu respuesta.

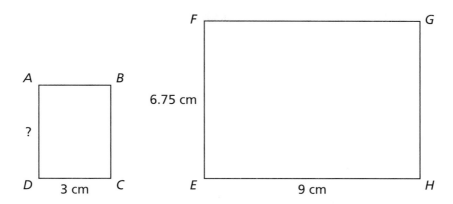

2. Los triángulos *ABC* y *DEF* son semejantes.

    a. ¿Por qué número multiplicas la longitud del lado *AB* para obtener la longitud del lado *DE*?

    b. Halla las longitudes de lado y las medidas de ángulos que faltan. Explica tu respuesta.

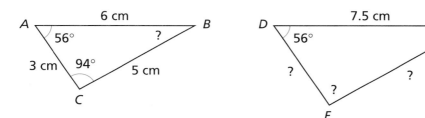

ACE La tarea empieza en la página 44.

Aplicaciones

1. Busca patrones de baldosas repetidas en el diseño de abajo. Para cada diseño, di si los cuadriláteros más pequeños son semejantes al cuadrilátero más grande. Explica tu respuesta. Si los cuadriláteros son semejantes, indica el factor de escala desde cada cuadrilátero pequeño al cuadrilátero grande.

   a.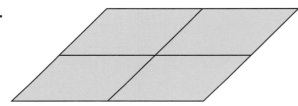

   b.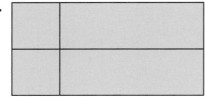

   c.

   d.

2. Supón que unes nueve copias de un rectángulo para hacer un rectángulo semejante más grande.

   a. ¿Cuál es el factor de escala desde el rectángulo más pequeño al rectángulo más grande?

   b. ¿Qué relación hay entre el área del rectángulo más grande y el área del rectángulo más pequeño?

3. Supón que divides un rectángulo en 25 rectángulos más pequeños. Cada rectángulo es semejante al rectángulo original.

   a. ¿Cuál es el factor de escala desde el rectángulo original a cada uno de los rectángulos más pequeños?

   b. ¿Qué relación hay entre el área de cada uno de los rectángulos más pequeños y el área del rectángulo original?

4. En el diseño de abajo, busca patrones de baldosas repetidas. En cada diseño, di si los triángulos más pequeños parecen ser semejantes al triangulo más grande. Explica tu respuesta. Cuando los triángulos sean semejantes, indica el factor de escala desde cada triángulo pequeño al triángulo grande.

   a.

   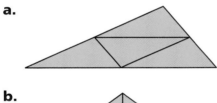

   b.

   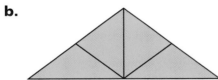

   c.

   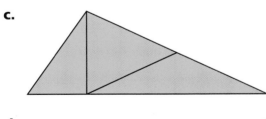

   d.

   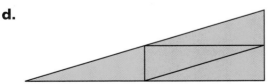

5. Copia los polígonos A a D en un papel cuadriculado. Haz segmentos de recta que dividan cada uno de los polígonos en cuatro polígonos congruentes que sean semejantes al polígono original.

Homework Help nline
PHSchool.com

Para: Ayuda con el Ejercicio 5, disponible en inglés
Código Web: ane-2305

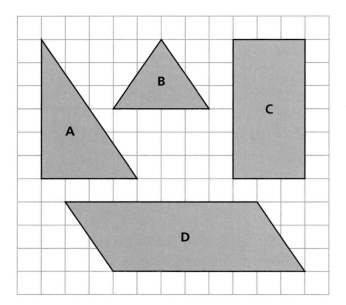

6. a. En los rectángulos E a G, indica la longitud y la anchura de otro rectángulo semejante. Explica cómo sabes que los rectángulos nuevos son semejantes.

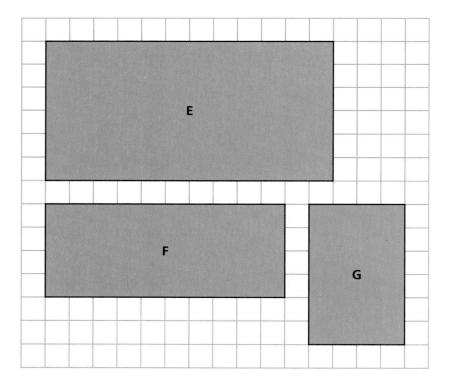

b. Indica el factor de escala desde cada rectángulo original de la parte (a) a los rectángulos semejantes que describiste. Explica qué te indica el factor de escala con respecto a las longitudes, los perímetros y las áreas correspondientes.

7. Usa los polígonos de abajo.

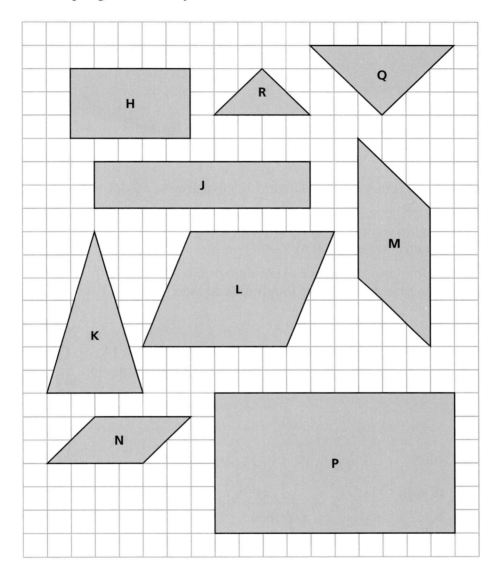

a. Haz una lista con los pares de figuras semejantes.

b. En cada par de figuras semejantes, halla el factor de escala desde la figura más pequeña a la figura más grande.

8. En las partes (a) a (c), usa papel cuadriculado.

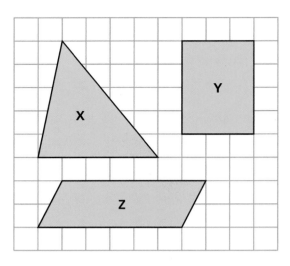

a. Dibuja un triángulo semejante al triángulo X, cuya área sea $\frac{1}{4}$ del área del triángulo X.

b. Dibuja un rectángulo semejante al rectángulo Y, cuyo perímetro sea 0.5 veces el perímetro del rectángulo Y.

c. Dibuja un paralelogramo semejante al paralelogramo Z, cuyas longitudes de lado sean 1.5 veces las longitudes de lado del paralelogramo Z.

El triángulo *ABC* es semejante al triángulo *PQR*. En los Ejercicios 9 a 14, usa los lados y las medidas de ángulo dados para hallar la medida de ángulo o la longitud de lado indicada.

Go Online
PHSchool.com
Para: Práctica de las destrezas con opción múltiple, disponible en inglés
Código Web: ana-2354

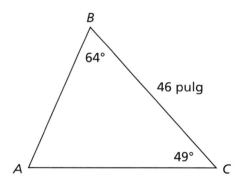

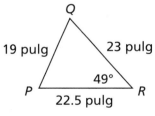

9. ángulo *A*

10. ángulo *Q*

11. ángulo *P*

12. longitud del lado *AB*

13. longitud del lado *AC*

14. perímetro del triángulo *ABC*

Opción múltiple En los Ejercicios 15 a 18, usa los paralelogramos semejantes que se muestran abajo.

15. ¿Cuál es la medida del ángulo *D*?

  A. 55°   **B.** 97.5°   **C.** 125°   **D.** 135°

16. ¿Cuál es la medida del ángulo *R*?

  F. 55°   **G.** 97.5°   **H.** 125°   **J.** 135°

17. ¿Cuál es la medida del ángulo *S*?

  A. 55°   **B.** 97.5°   **C.** 125°   **D.** 135°

18. ¿Cuál es la longitud en centímetros del lado *AB*?

  F. 3.75   **G.** 13   **H.** 15   **J.** 26

19. Supón que un rectángulo B es semejante al rectángulo A que se muestra abajo. Si el factor de escala desde el rectángulo A al rectángulo B es 4, ¿cuál es el área del rectángulo B?

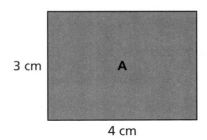

20. Supón que el rectángulo E tiene un área de 9 centímetros cuadrados y que el rectángulo F tiene un área de 900 centímetros cuadrados. Los dos rectángulos son semejantes. ¿Cuál es el factor de escala desde el rectángulo E al rectángulo F?

21. Supón que los rectángulos X e Y son semejantes. Las dimensiones del rectángulo X son 5 centímetros por 7 centímetros. El área del rectángulo Y es de 140 centímetros cuadrados. ¿Cuáles son las dimensiones del rectángulo Y?

Conexiones

22. En la figura de abajo, las rectas L_1 y L_2 son paralelas.

    a. Usa lo que sabes acerca de las rectas paralelas para hallar la medida de los ángulos a a g.

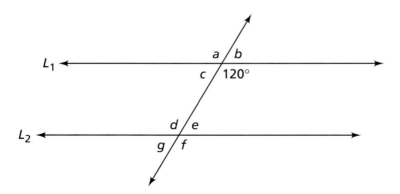

    b. Cuando la suma de las medidas de dos ángulos es 180°, los ángulos son **ángulos suplementarios.** Por ejemplo, los ángulos a y b que se muestran arriba son ángulos suplementarios porque unidos forman una línea recta (180°). Haz una lista de todos los pares de ángulos suplementarios que hay en el diagrama.

23. Supón que tienes dos ángulos suplementarios (ver la explicación arriba). Se da la medida de un ángulo. Halla la medida del otro ángulo.

    a. 160°   **b.** 90°   **c.** $x°$

24. Los dos triángulos rectángulos son semejantes.

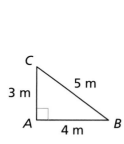
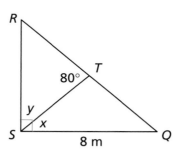

    a. Halla la longitud del lado RS.

    b. Halla la longitud del lado RQ.

    c. Supón que la medida del ángulo x es 40°. Halla la medida del ángulo y.

d. Halla la medida del ángulo R. Explica cómo puedes hallar la medida del ángulo C.

El ángulo x y el ángulo y se llaman **ángulos complementarios.** Los ángulos complementarios son un par de ángulos cuyas medidas suman 90°.

e. Halla dos pares más de ángulos complementarios en los triángulos ABC y QRS, además de los ángulos x e y.

25. En las partes (a) a (f), halla el número que hace que las fracciones sean equivalentes.

a. $\dfrac{1}{2} = \dfrac{3}{\blacksquare}$

b. $\dfrac{5}{6} = \dfrac{\blacksquare}{24}$

c. $\dfrac{3}{4} = \dfrac{6}{\blacksquare}$

d. $\dfrac{8}{12} = \dfrac{2}{\blacksquare}$

e. $\dfrac{3}{5} = \dfrac{\blacksquare}{100}$

f. $\dfrac{6}{4} = \dfrac{\blacksquare}{10}$

26. En las partes (a) a (f), supón que copias una figura con una máquina fotocopiadora al tamaño dado. Halla el factor de escala, en forma decimal, desde la figura original a la copia.

a. 200%

b. 50%

c. 150%

d. 125%

e. 75%

f. 25%

27. Escribe cada factor como un decimal y como un porcentaje.

a. $\dfrac{2}{5}$

b. $\dfrac{3}{4}$

c. $\dfrac{3}{10}$

d. $\dfrac{1}{4}$

e. $\dfrac{7}{10}$

f. $\dfrac{7}{20}$

g. $\dfrac{4}{5}$

h. $\dfrac{7}{8}$

i. $\dfrac{3}{5}$

j. $\dfrac{15}{20}$

28. En las partes (a) a (d), di si las figuras son matemáticamente semejantes. Explica tu respuesta. Si las figuras son semejantes, indica el factor de escala desde la figura de la izquierda a la figura de la derecha.

a.

b.

c.

d.

En los Ejercicios 29 a 31, decide si el enunciado es verdadero o falso. Justifica tu respuesta.

29. Todos los cuadrados son semejantes.

30. Todos los rectángulos son semejantes.

31. Si el factor de escala entre dos figuras semejantes es 1, entonces las dos figuras tienen el mismo tamaño. (Nota: Si dos figuras semejantes tienen un factor de escala 1, son *congruentes*.)

32. a. Supón que el siguiente rectángulo se reduce según un factor de escala del 50%. ¿Cuáles son las dimensiones del rectángulo reducido?

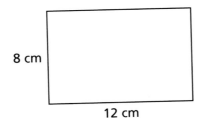

b. Supón que el rectángulo reducido de la parte (a) se reduce de nuevo según un factor de escala del 50%. ¿Cuáles son ahora las dimensiones del rectángulo?

c. ¿En que se asemeja el rectángulo reducido de la parte (b) con el rectángulo original de la parte (a)?

Extensiones

33. Traza las siguientes figuras. Divide cada figura en cuatro partes más pequeñas que sean semejantes a la figura original.

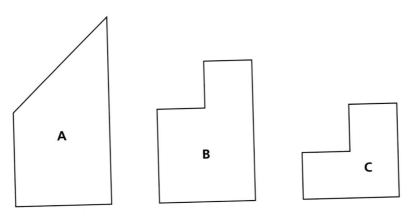

34. El **punto medio** es un punto que divide un segmento de recta en dos segmentos de igual longitud. En un papel cuadriculado, haz una figura siguiendo estos pasos:

Paso 1 Traza un cuadrado.

Paso 2 Marca el punto medio de cada lado.

Paso 3 En orden, une los puntos medios con cuatro segmentos de recta para formar una figura nueva. (Los segmentos de recta no deben intersecarse dentro del cuadrado.)

Paso 4 Repite los pasos 2 y 3 tres veces más. Cada vez, trabaja con la figura más nueva.

a. ¿Qué tipo de figura se forma cuando se unen los puntos medios de los lados de un cuadrado?

b. Halla el área del cuadrado original.

c. Halla el área de la figura nueva que se forma en cada paso.

d. ¿Cómo cambian las áreas entre las figuras sucesivas?

e. ¿Hay algunas figuras semejantes en tu dibujo final? Explica tu respuesta.

35. Repite el Ejercicio 34 usando un triángulo equilátero.

36. Supón que el rectángulo A es semejante al rectángulo B y al rectángulo C. ¿Puedes concluir que el rectángulo B es semejante al rectángulo C? Explica tu respuesta. Usa dibujos y ejemplos para ilustrar tu respuesta.

37. El matemático Benoit Mandelbrot observó el hecho de que se pueden dividir figuras semejantes para obtener figuras más pequeñas que sean matemáticamente semejantes a la original. A estas figuras las llamó *fractales*. Un ejemplo famoso es el triángulo de Sierpinski.

Para hacer el triángulo de Sierpinski puedes seguir estos pasos.

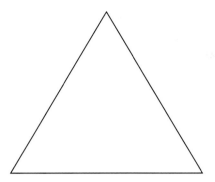

Paso 1 Haz un triángulo grande.

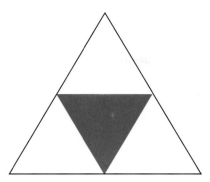

Paso 2 Marca el punto medio de cada lado. Une los puntos medios para formar cuatro triángulos idénticos que sean semejantes al original. Sombrea el triángulo del centro.

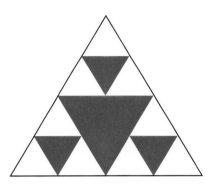

Paso 3 En cada triángulo sin sombrear traza los puntos medios. Únelos en orden para formar cuatro triángulos idénticos. En cada caso, sombrea el triángulo del centro.

Paso 4 Sigue repitiendo los pasos 2 y 3. Para hacer un verdadero triángulo de Sierpinski, ¡tienes que repetir el proceso infinitas veces! Este triángulo muestra cinco subdivisiones.

a. Sigue los pasos para hacer el triángulo de Sierpinski hasta que subdividas el triángulo original tres veces.

b. Describe todos los patrones que observas en la figura que hiciste.

c. Mandelbrot usó el término *autosemejante* para describir fractales como el triángulo de Sierpinski. ¿Qué crees que significa este término?

En los Ejercicios 38 a 42, lee el párrafo de abajo y contesta las preguntas que siguen.

Para hallar el área de un cuadrado multiplicas la longitud del lado por sí mismo. En el caso de un cuadrado cuya longitud de lado es de 3 unidades, multiplicas 3×3 (ó 3^2) para obtener 9 unidades cuadradas. Por esa razón dices que 9 es el *cuadrado* de 3.

Se dice que tres es la *raíz cuadrada* de 9. El símbolo "$\sqrt{}$" se usa para indicar la raíz cuadrada. Esto da la siguiente familia de operaciones.

$$3^2 = 9$$
$$\sqrt{9} = 3$$

38. El cuadrado tiene un área de 10 unidades cuadradas. Escribe la longitud de lado de este cuadrado, usando el símbolo de raíz cuadrada.

39. Opción múltiple ¿Cuál es la raíz cuadrada de 144?

    A. 7   **B.** 12   **C.** 72   **D.** 20,736

40. ¿Cuál es la longitud del lado de un cuadrado cuya área es de 144 unidades?

41. Has aprendido que si una figura crece según un factor de escala s, el área de la figura crece según un factor s^2. Si el área de una figura crece según un factor f, ¿cuál es el factor de escala?

42. Halla tres ejemplos de cuadrados y raíces cuadradas en el trabajo que has hecho hasta ahora en esta unidad.

Reflexiones matemáticas 3

Esta investigación exploró polígonos semejantes y factores de escala. Las siguientes preguntas te ayudarán a resumir lo que aprendiste.

Piensa en las respuestas a estas preguntas. Comenta tus ideas con otros estudiantes y con tu maestro/a. Luego, en tu cuaderno, escribe un resumen de lo que aprendiste.

1. ¿Cómo puedes decir si dos polígonos son semejantes?

2. Si dos polígonos son semejantes, ¿cómo puedes hallar el factor de escala desde un polígono a otro? Muestra ejemplos específicos. Describe cómo hallas el factor de escala desde la figura más pequeña a la figura aumentada. Luego, describe cómo hallas el factor de escala desde la figura más grande a la figura más pequeña.

3. En las partes (a) a (c), ¿qué te indica el factor de escala entre dos figuras semejantes con respecto a las mediciones dadas?
   a. longitudes de lado
   b. perímetros
   c. áreas

Semejanza y razones

Puedes mejorar un informe o cuento agregándole fotografías, dibujos o diagramas. Una vez que incluyes una ilustración en un documento electrónico, puedes aumentarla, reducirla o moverla. En la mayoría de los programas, el hacer clic en la ilustración hace que ésta aparezca dentro de un marco con botones en los lados, como la figura que se muestra abajo.

Puedes cambiar el tamaño y la forma de la imagen pulsando esos botones y arrastrándolos.

Éstos son algunos ejemplos de la imagen después de modificarse su tamaño.

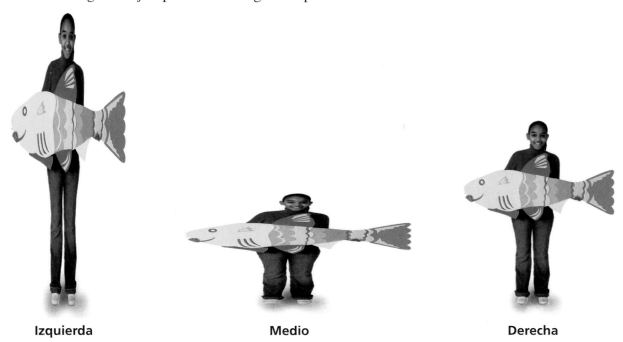

| Izquierda | Medio | Derecha |

- ¿Cómo crees que esta técnica produjo estas variaciones en la figura original?

- ¿Cuál de estas imágenes parece ser semejante a la original? ¿Por qué?

Una manera de describir y comparar figuras es usando **razones.** Una razón es una comparación de dos cantidades, como dos longitudes. La figura original tiene aproximadamente 10 centímetros de altura y 8 centímetros de anchura. Entonces debes decir: "La *razón* de la altura con respecto a la anchura es de 10 a 8".

Esta tabla da la razón de la altura con respecto a la anchura de las imágenes.

Información sobre las imágenes

Figura	Altura (cm)	Anchura (cm)	Razón de la altura con respecto a la anchura
Original	10	8	10 a 8
Izquierda	8	3	8 a 3
Medio	3	6	3 a 6
Derecha	5	4	5 a 4

- ¿Qué observas acerca de las razones de la altura con respecto a la anchura de las figuras semejantes?

Las comparaciones "10 a 8" y "5 a 4" son **razones equivalentes.** Las razones equivalentes nombran el mismo número. En ambos casos, si escribes la razón de la altura con respecto a la anchura en forma de decimal, obtienes el mismo número.

$$10 \div 8 = 1.25 \qquad\qquad 5 \div 4 = 1.25$$

Ocurre lo mismo si escribes la razón de la anchura con respecto a la altura en forma de decimal.

"8 a 10"   "4 a 5"

$$8 \div 10 = 0.8 \qquad\qquad 4 \div 5 = 0.8$$

La equivalencia entre razones se parece mucho a la equivalencia entre fracciones. De hecho, las razones se escriben frecuentemente en forma de fracción. Puedes expresar razones equivalentes por medio de ecuaciones como éstas:

$$\frac{10}{8} = \frac{5}{4}$$
$$\frac{8}{10} = \frac{4}{5}$$

4.1 Razones dentro de paralelogramos semejantes

Cuando dos figuras son semejantes, sabes que existe un factor de escala que relaciona cada longitud de una figura con la longitud correspondiente de la otra. También puedes hallar una razón entre dos longitudes cualesquiera de una figura. Esta razón describirá la relación que hay entre las longitudes correspondientes de una figura semejante. En el siguiente problema explorarás esa relación.

Cuando trabajes con los diagramas de esta investigación, da por sentado que todas las mediciones son en centímetros. Muchos de los dibujos no se muestran en su tamaño natural.

A. A continuación se dan las longitudes de dos lados de cada rectángulo.

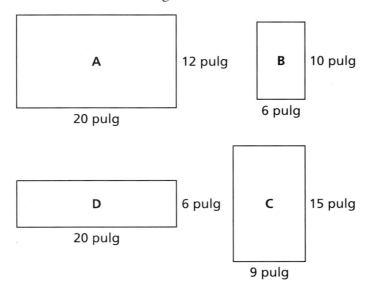

1. En cada rectángulo, halla la razón de la longitud de un lado corto con respecto a la longitud de un lado largo.

2. ¿Qué notas con respecto a las razones de la parte (1) en los rectángulos semejantes? ¿Y en los rectángulos que no son semejantes?

3. Para dos rectángulos semejantes, halla el factor de escala desde el rectángulo más pequeño al rectángulo más grande. ¿Qué información te da el factor de escala con respecto a dos figuras semejantes?

4. Compara la información dada por el factor de escala con la información dada por las razones de las longitudes de lado.

B. 1. En cada paralelogramo, halla la razón de la longitud del lado más largo con respecto a la longitud del lado más corto. ¿En qué se asemejan las razones?

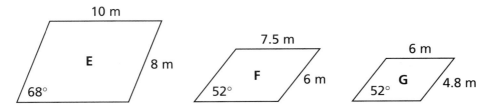

2. ¿Cuáles de los paralelogramos son semejantes? Explica tu respuesta.

C. Si la razón de las longitudes de los lados adyacentes de un paralelogramo es igual a la razón de las longitudes de los lados correspondientes de otro, ¿puedes decir que los paralelogramos son semejantes? Explica tu respuesta.

ACE **La tarea empieza en la página 66.**

4.2 Razones dentro de triángulos semejantes

Debido a que todos los rectángulos contienen cuatro ángulos de 90°, puedes mostrar que los rectángulos son semejantes simplemente comparando sus longitudes de lado. Ahora sabes dos maneras para mostrar que dos rectángulos son semejantes.

(1) Muestra que los factores de escala entre las longitudes de lado correspondientes son iguales (compara longitud con longitud y anchura con anchura).

(2) Muestra que las razones de los lados correspondientes dentro de cada figura son iguales (compara la longitud y la anchura de un rectángulo con la longitud y la anchura del otro).

Sin embargo, comparar solamente las longitudes de lado de un paralelogramo que no sea rectangular o de un triángulo no es suficiente para comprender su figura. En este problema usarás medidas de ángulos y razones entre lado y longitud para hallar triángulos semejantes.

En las preguntas A y B, usa los siguientes triángulos. Las longitudes de lado
son aproximadas.

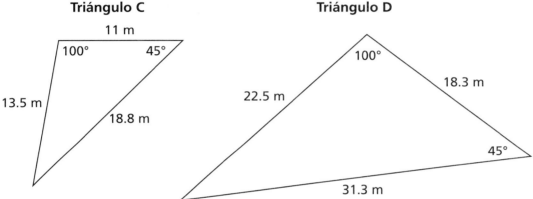

A. Identifica los triángulos semejantes. Explica cómo usas los ángulos y
los lados para identificar los triángulos semejantes.

B. 1. Dentro de cada triángulo, halla la razón del lado más corto con
respecto al lado más largo. Halla la razón del lado más corto con
respecto al lado "del medio".

2. ¿En qué se asemejan las razones de las longitudes de lado en los
triángulos semejantes?

3. ¿En qué se asemejan las razones de las longitudes de lado en los
triángulos que *no* son semejantes?

ACE **La tarea empieza en la página 66.**

Hallar las partes que faltan

Cuando sabes que dos figuras son semejantes, puedes hallar las partes que faltan de dos maneras.

  (1) Usa el factor de escala desde una de las figuras a la otra.

  (2) Usa las razones de las longitudes de lado dentro de cada figura.

Problema 4.3 Usar la semejanza para hallar mediciones

En las preguntas A a C, cada par contiene figuras semejantes. Halla las longitudes de lado que faltan. Explica tu respuesta.

A.

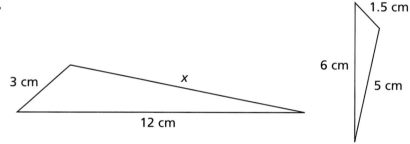

B.

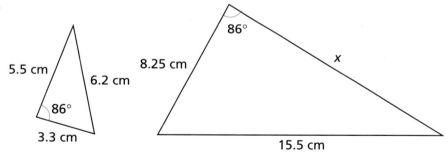

C.

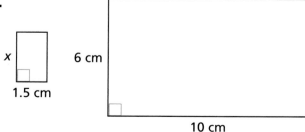

D. Las figuras son semejantes. Halla las mediciones que faltan. Explica tu respuesta.

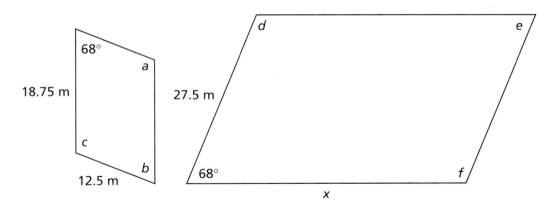

E. Las figuras de abajo son semejantes. Las mediciones que se muestran están en pulgadas.

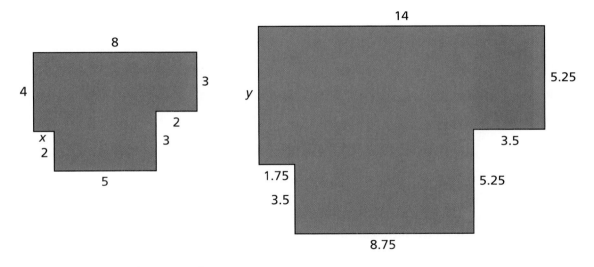

1. Halla el valor de *x* usando razones.

2. Halla el valor de *y* usando factores de escala.

3. Halla el área de una de las figuras.

4. Usa la respuesta de la parte (3) y el factor de escala. Halla el área de la otra figura. Explica tu respuesta.

ACE La tarea empieza en la página 66.

Aplicaciones

1. Las figuras A a F son paralelogramos.

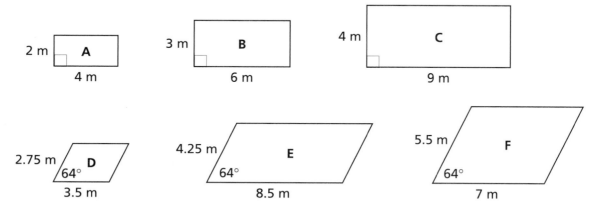

2 m | A | 4 m

3 m | B | 6 m

4 m | C | 9 m

2.75 m | D | 64° | 3.5 m

4.25 m | E | 64° | 8.5 m

5.5 m | F | 64° | 7 m

a. Haz una lista de todos los pares de paralelogramos semejantes.

b. Para cada par de paralelogramos semejantes, halla la razón de las longitudes de dos lados adyacentes de un paralelogramo y compárala con la razón de las longitudes de los lados correspondientes del otro paralelogramo.

c. Para cada par de paralelogramos semejantes, halla el factor de escala desde una figura a la otra. Explica cómo se diferencia la información dada por los factores de escala de la información dada por las razones de las longitudes de lado.

2. En las partes (a) a (c), usa los triángulos que aparecen abajo y en la página siguiente.

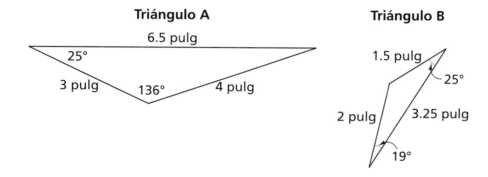

Triángulo A

6.5 pulg
25°
3 pulg   136°   4 pulg

Triángulo B

1.5 pulg
25°
2 pulg   3.25 pulg
19°

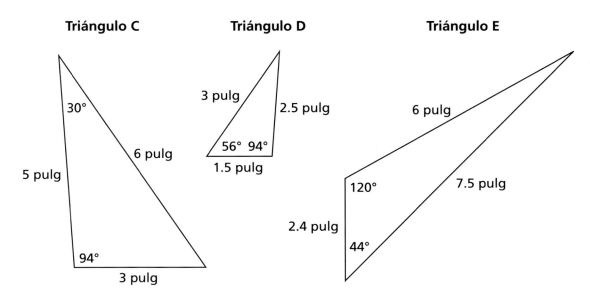

Triángulo C

30°

6 pulg

5 pulg

94°

3 pulg

Triángulo D

3 pulg

2.5 pulg

56° 94°

1.5 pulg

Triángulo E

6 pulg

120°

7.5 pulg

2.4 pulg

44°

a. Haz una lista de todos los pares de triángulos semejantes.

b. Para cada par de triángulos semejantes, halla la razón de dos longitudes de lado de un triángulo y la razón del par correspondiente de longitudes de lado del otro. ¿En qué se asemejan estas razones?

c. Para cada par de triángulos semejantes, halla el factor de escala desde una figura a la otra. Explica cómo se diferencia la información dada por los factores de escala de la información dada por las razones de las longitudes de lado.

3. a. En un papel cuadriculado, haz dos rectángulos semejantes de manera que el factor de escala desde un rectángulo al otro sea 2.5. Rotula la longitud y la anchura de cada rectángulo.

b. En cada rectángulo, halla la razón de la longitud con respecto a la anchura.

4. a. Haz un tercer rectángulo que sea semejante a uno de los rectángulos del Ejercicio 3. Halla el factor de escala de un rectángulo al otro.

b. Halla la razón de la longitud con respecto a la anchura del rectángulo nuevo.

c. En los tres rectángulos, ¿qué puedes decir acerca de las razones de la longitud con respecto a la anchura? ¿Se cumple lo mismo en otro rectángulo que sea semejante a uno de los tres rectángulos? Explica tu respuesta.

En los Ejercicios 5 a 8, cada par contiene figuras semejantes. Halla la medición que falta. (Nota: Aunque cada par de figuras está dibujado a escala, las escalas de los Ejercicios 5 a 8 no son las mismas.)

5.

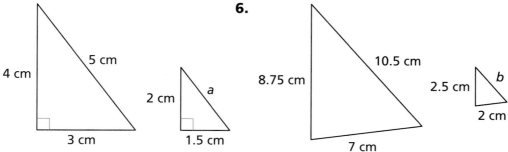

6.

7.

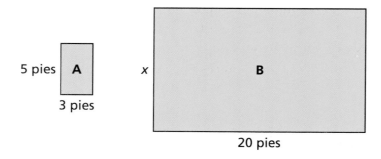

8.

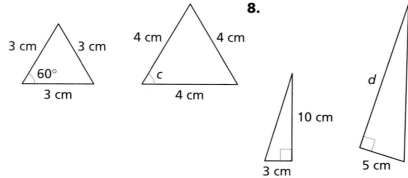

Go Online
PHSchool.com

Para: Práctica de las destrezas con opción múltiple, disponible en inglés
Código Web: ana-2454

En los Ejercicios 9 a 11, los rectángulos A y B son semejantes.

5 pies | A | 3 pies

x | B | 20 pies

9. Opción múltiple ¿Cuál es el valor de *x*?

A. 4   **B.** 12   **C.** 15   **D.** $33\frac{1}{3}$

10. ¿Cuál es el factor de escala del rectángulo B al rectángulo A?

11. Halla el área de cada rectángulo. ¿Cuál es la relación entre estas áreas?

12. Los rectángulos C y D son semejantes.

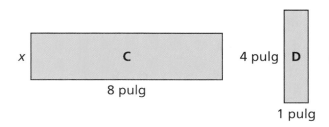

Homework Help Online
PHSchool.com

Para: Ayuda con el Ejercicio 12, disponible en inglés
Código Web: ane-2412

a. ¿Cuál es el valor de x?

b. ¿Cuál es el factor de escala del rectángulo C al rectángulo D?

c. Halla el área de cada rectángulo. ¿Cuál es la relación entre estas áreas?

13. Supón que quieres comprar una alfombra nueva para tu habitación. El suelo de la habitación es un rectángulo de 9 pies por 12 pies. La alfombra se vende por yarda cuadrada.

a. ¿Qué cantidad de alfombra necesitas comprar?

b. La alfombra cuesta $22 por yarda cuadrada. ¿Cuánto costará la alfombra para la habitación?

14. Supón que quieres comprar la misma alfombra descrita en el Ejercicio 13 para una biblioteca. El suelo de la biblioteca es semejante al suelo de 9 pies por 12 pies de tu habitación. El factor de escala de la habitación a la biblioteca es 2.5.

a. ¿Cuáles son las dimensiones de la biblioteca? Explica tu respuesta.

b. ¿Qué cantidad de alfombra necesitas para la biblioteca?

c. ¿Cuánto costará la alfombra para la biblioteca?

Conexiones

En los Ejercicios 15 a 20, indica si los pares de razones son equivalentes.

15. 3 a 2 y 5 a 4

16. 8 a 4 y 12 a 8

17. 7 a 5 y 21 a 15

18. 1.5 a 0.5 y 6 a 2

19. 1 a 2 y 3.5 a 6

20. 2 a 3 y 4 a 6

21. Elige un par de razones equivalentes de los Ejercicios 15 a 20. Escribe un problema de semejanza que requiera las razones. Explica cómo se resuelve el problema.

En los Ejercicios 22 a 25, escribe otras dos razones equivalentes a la razón dada.

22. 5 a 3

23. 4 a 1

24. 3 a 7

25. 1.5 a 1

26. Éste es un dibujo de Duke, un perro de verdad. El factor de escala de Duke al dibujo es de 12.5%. Usa una regla de pulgadas para hacer las mediciones necesarias.

   a. ¿Cuánto mide Duke desde el hocico hasta el final de la cola?

   b. Para construir una casita para Duke tienes que saber su altura, de manera que puedas hacer una puerta para que entre. ¿Cuál es la altura de Duke?

   c. La tienda de fotocopias local tiene una máquina que imprime en papel tamaño de cartel. Puedes aumentar o reducir un documento haciendo una selección entre 50% y 200%. ¿Cómo puedes usar esta máquina para hacer un dibujo del tamaño real de Duke?

27. Samantha dibuja el triángulo *ABC* en un papel cuadriculado. Aplica una regla para hacer el triángulo de la derecha.

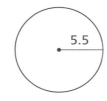

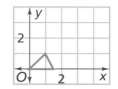

a. ¿Qué regla aplicó Samantha para hacer el triángulo nuevo?

b. ¿El triángulo nuevo es semejante al triángulo *ABC*? Explica tu respuesta. Si los triángulos son semejantes, indica el factor de escala del triángulo *ABC* al triángulo nuevo.

28. a. En cada círculo, halla la razón de la circunferencia con respecto al diámetro.

b. ¿En qué se asemejan las razones que hallaste en la parte (a)? Explica tu respuesta.

Para hacer los Ejercicios 29 y 30, lee el siguiente párrafo.

El distrito escolar Rosavilla quiere construir un nuevo edificio para una escuela intermedia. El distrito les pide a unos arquitectos que hagan dibujos a escala con posibles diseños del edificio. El distrito selecciona entonces los diseños que se muestran abajo.

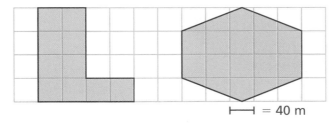

$\vdash\!\!-\!\!\dashv$ = 40 m

29. a. Supón que los diseños de arriba están en un papel cuadriculado en centímetros. ¿Cuál es el área de cada dibujo a escala?

b. ¿Cuál será el área de cada edificio?

30. Opción múltiple Al comité le gusta el diseño en forma de L pero quiere un edificio con más espacio. Aumentan el diseño en forma de L según un factor de escala de 2. Para el diseño nuevo, elige el enunciado correcto.

A. El área es dos veces la del original.

B. El área es cuatro veces la del original.

C. El área es ocho veces la del original.

D. Ninguno de los enunciados de arriba es correcto.

31. Para las partes (a) a (c), usa la siguiente tabla.

Altura y extensión de los brazos de los estudiantes

Altura (pulg)	60	65	63	50	58	66	60	63	67	65
Extensión de los brazos (pulg)	55	60	60	48	60	65	60	67	62	70

   a. Halla la razón de la medida con los brazos extendidos de cada estudiante con respecto a su altura. Escribe la razón en forma de fracción. Luego escribe la razón en forma de decimal equivalente. ¿En qué se asemejan las razones?

   b. Halla la media de las razones.

   c. Usa la respuesta de la parte (b). Predice la extensión de los brazos de una persona que mide 62 pulgadas de altura. Explica tu respuesta.

32. Supón que aumentas esta flecha giratoria según un factor de 3. ¿Esto cambia las probabilidades de que la aguja se detenga en alguna de las áreas? Explica tu respuesta.

33. Supón que aumentas el tablero de dardos cuadrado de abajo según un factor de escala de 3. ¿Cambiarán las probabilidades de que el dardo se clave en cada región? Explica tu respuesta.

34. Para cada medida de ángulo, halla la medida de su complemento y la medida de su suplemento.

Ejemplo 30°
complemento: 60°
suplemento: 150°

a. 20° **b.** 70° **c.** 45°

Extensiones

35. En las partes (a) a (e), usa los triángulos semejantes de abajo.

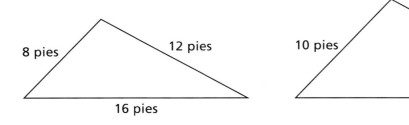

a. ¿Cuál es el factor de escala del triángulo más pequeño al triángulo más grande? Da tu respuesta en forma de fracción y en forma de decimal.

b. Elige algún lado del triángulo más grande. ¿Cuál es la razón de la longitud de ese lado con respecto a la longitud del lado correspondiente del triángulo más pequeño? Escribe tu respuesta en forma de fracción y en forma de decimal. ¿En qué se asemeja la razón con el factor de escala de la parte (a)?

c. ¿Cuál es el factor de escala del triángulo más grande al triángulo más pequeño? Escribe tu respuesta en forma de fracción y en forma de decimal.

d. Elige algún lado del triángulo más pequeño. ¿Cuál es la razón de la longitud de ese lado con respecto a la longitud del lado correspondiente del triángulo más grande? Escribe tu respuesta en forma de fracción y en forma de decimal. ¿En qué se asemeja la razón con el factor de escala de la parte (c)?

e. ¿Es el patrón de los factores de escala y de las razones en este Ejercicio el mismo en cualquier par de figuras semejantes? Explica tu respuesta.

36. En las partes (a) y (b), usa una regla y una regla para ángulos o un transportador.

   a. Haz dos triángulos diferentes cuyas medidas de ángulo sean 30°, 60° y 90°. ¿Los triángulos parecen ser semejantes?

   b. Haz dos triángulos diferentes cuyas medidas de ángulo sean 40°, 80° y 60°. ¿Los triángulos parecen ser semejantes?

   c. Según lo que hallaste en las partes (a) y (b), haz una conjetura acerca de los triángulos que tienen medidas de ángulo congruentes.

37. ¿Cuál de los rectángulos de abajo piensas que es el "más agradable a la vista"?

La pregunta sobre qué figuras son más atractivas ha interesado a constructores de edificios, artistas y artesanos durante miles de años. Los antiguos griegos se sentían particularmente atraídos por las figuras rectangulares semejantes al rectángulo B de arriba. Ellos se referían a esas figuras como "rectángulos áureos". Usaban los rectángulos áureos con mucha frecuencia en los edificios y monumentos.

Esta fotografía del Partenón (un templo de Atenas, Grecia) muestra varios ejemplos de rectángulos áureos.

La razón de la longitud con respecto a la anchura de un rectángulo áureo se llama "razón áurea".

a. Mide la longitud y la anchura de los rectángulos A, B y C en pulgadas. En cada caso, estima la razón de la longitud con respecto a la anchura lo más exactamente posible. La razón del rectángulo B es una aproximación a la razón áurea.

b. Mide las dimensiones de los tres rectángulos áureos de la fotografía en centímetros. En cada caso, escribe la razón de la longitud con respecto a la anchura. Escribe cada razón en forma de fracción y luego en forma de decimal. Compara las razones entre sí y con la razón del triángulo B.

c. Puedes dividir un rectángulo áureo en un cuadrado y un rectángulo más pequeño semejante al rectángulo original.

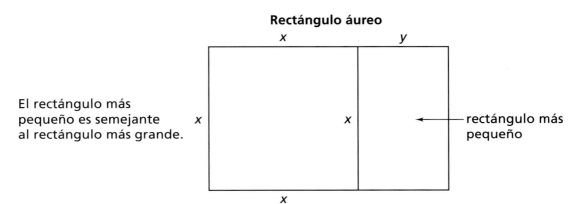

Rectángulo áureo

El rectángulo más pequeño es semejante al rectángulo más grande.

rectángulo más pequeño

Copia el rectángulo B de la página anterior. Divide ese rectángulo áureo en un cuadrado y un rectángulo. ¿El rectángulo más pequeño es un rectángulo áureo? Explica tu respuesta.

38. Para las partes (a) y (b), usa los siguientes triángulos.

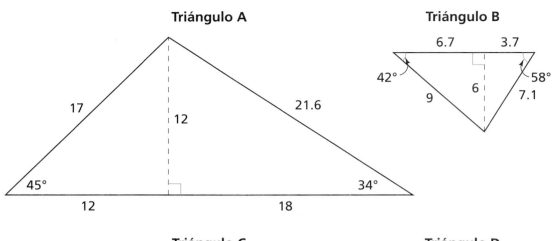

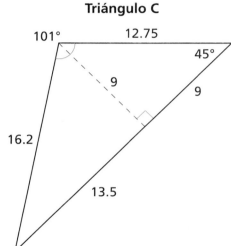

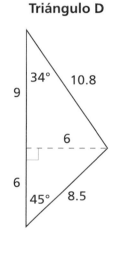

a. Identifica los triángulos que sean semejantes. Explica tu respuesta.

b. Halla la razón de la base de cada triángulo con respecto a su altura. ¿En qué se asemejan estas razones en los triángulos semejantes? ¿En qué se asemejan estas razones en los triángulos que no son semejantes?

39. La siguiente progresión de números se llama *secuencia de Fibonacci*. Recibe este nombre en honor a un matemático italiano del siglo XIV, que contribuyó al desarrollo temprano del álgebra.

1, 1, 2, 3, 5, 8, 13, 21, 34, 55, 89, 144, 233, 377 . . .

a. Busca patrones en esta progresión. Deduce cómo se hallan los números. Usa tu idea para hallar los siguientes cuatro términos.

b. Halla la razón de cada término con respecto al término anterior. Por ejemplo: 1 a 1, 2 a 1, 3 a 2, y así sucesivamente. Escribe cada razón en forma de fracción y luego en forma de decimal equivalente. Compara los resultados con las razones áureas que hallaste en el Ejercicio 37. Describe las similitudes y las diferencias.

Reflexiones

matemáticas  4

En esta investigación usaste la idea de razones para describir y comparar el tamaño y la forma de rectángulos, triángulos y otras figuras. Las siguientes preguntas te ayudarán a resumir lo que aprendiste.

Piensa en las respuestas a estas preguntas. Comenta tus ideas con otros estudiantes y con tu maestro/a. Luego, en tu cuaderno, escribe un resumen de lo que aprendiste.

1. Si dos paralelogramos son semejantes, ¿qué sabes acerca de las razones de las dos longitudes de lado de un paralelogramo y las razones de las longitudes de lado correspondientes del otro paralelogramo?

2. Si dos triángulos son semejantes, ¿qué puedes decir acerca de las razones de las dos longitudes de lado de un triángulo y las razones de las longitudes de lado correspondientes del otro triángulo?

3. Describe por lo menos dos maneras de hallar la longitud de lado que falta en un par de figuras semejantes.

Usar triángulos y rectángulos semejantes

Puedes hallar la altura del edificio de una escuela subiendo una escalera y usando una cinta métrica larga. También puedes usar métodos más fáciles y menos peligrosos para hallar la altura. En esta investigación puedes usar triángulos semejantes para estimar alturas y distancias que son difíciles de medir directamente.

5.1 Usar sombras para hallar alturas

Si un objeto está al aire libre puedes usar sombras para estimar su altura. El diagrama de abajo muestra cómo funciona este método. En un día soleado, cualquier objeto que presente una posición vertical proyecta una sombra. El diagrama de abajo muestra dos triángulos.

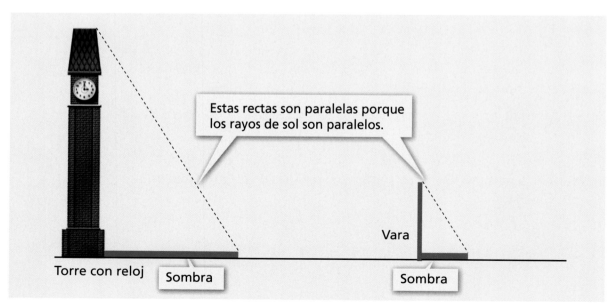

Estas rectas son paralelas porque los rayos de sol son paralelos.

Vara

Torre con reloj　Sombra　　　Sombra

Se forma un triángulo a partir de la torre con reloj, su sombra y una recta imaginaria desde el extremo superior de la torre hasta el extremo de la sombra.

Se forma un triángulo a partir de la vara, su sombra y una recta imaginaria desde el extremo superior de la vara hasta el extremo de la sombra.

Examina el diagrama del método de la sombra. ¿Por qué cada ángulo del triángulo más grande tiene la misma medida que el ángulo correspondiente del triángulo más pequeño? ¿Qué te sugiere esto con respecto a la semejanza de los triángulos?

Para hallar la altura del edificio puedes medir las longitudes de la vara y de las dos sombras, y usar triángulos semejantes.

Problema 5.1 Usar sombras para hallar alturas

Supón que quieres usar el método de la sombra para estimar la altura de un edificio. Haces las siguientes mediciones:

- longitud de la vara: 3 m

- longitud de la sombra de la vara: 1.5 m

- longitud de la sombra del edificio: 8 m

A. Haz un bosquejo con el edificio, la vara y las sombras. Rotula cada medida dada. ¿Qué evidencia sugiere que los dos triángulos que se forman son semejantes?

B. Usa triángulos semejantes para hallar la altura del edificio a partir de las mediciones dadas.

C. Un árbol proyecta una sombra de 25 pies. En el mismo momento, una vara de 6 pies proyecta una sombra de 4.5 pies de largo. ¿Cuál es la altura del árbol?

D. Una torre de radio proyecta una sombra de 120 pies. En el mismo momento, un aro de básquetbol en un palo de 12 pies de altura proyecta una sombra de 18 pies de largo. ¿Cuál es la altura de la torre de radio?

ACE La tarea empieza en la página 84.

5.2 Usar espejos para hallar alturas

El método de la sombra funciona sólo al aire libre y en los días soleados. Como alternativa también puedes usar un espejo para estimar alturas. El método del espejo funciona en el interior y al aire libre.

A continuación se muestra el método del espejo. Coloca un espejo en un punto a nivel, a una distancia conveniente del objeto. Aléjate del espejo hasta que puedas ver el extremo superior del objeto en el centro del espejo.

Los dos triángulos del diagrama son semejantes. Para hallar la altura del objeto tienes que medir tres distancias y usar triángulos semejantes.

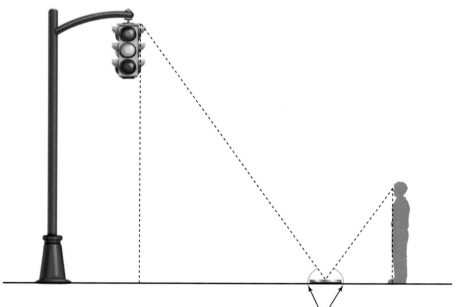

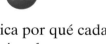

Estos ángulos son congruentes porque la luz se refleja
en el espejo con el mismo ángulo que incide sobre él.

Preparación para el problema 5.2

Examina el diagrama de arriba. Explica por qué cada ángulo del triángulo grande tiene la misma medida que el ángulo correspondiente del triángulo pequeño. ¿Qué te sugiere esto con respecto a la semejanza de los triángulos?

Problema 5.2 Usar espejos para hallar alturas

A. Jim y Su usan el método del espejo para estimar la altura de una señal de tránsito que está cerca de su escuela. Hacen las siguientes mediciones.

- altura desde el suelo hasta los ojos de Jim: 150 cm

- distancia desde el centro del espejo hasta los pies de Jim: 100 cm

- distancia desde el centro del espejo hasta un punto que está

  directamente debajo de la señal de tránsito: 450 cm

1. Haz un bosquejo. Muestra los triángulos semejantes que se forman y rotula las mediciones dadas.

2. Usa triángulos semejantes para hallar la altura de la señal de tráfico.

B. Jim y Su también usan el método del espejo para estimar la altura del gimnasio de su escuela. Hacen las siguientes mediciones:

- altura desde el suelo hasta los ojos de Su: 130 cm

- distancia desde el centro del espejo hasta los pies de Su: 100 cm

- distancia desde el centro del espejo hasta la pared del gimnasio: 9.5 m

1. Haz un bosquejo. Muestra los triángulos semejantes que se forman y rotula las mediciones dadas.

2. Usa triángulos semejantes para hallar la altura del gimnasio.

C. Usa el método del espejo para hallar la altura de tu salón de clase. Haz un bosquejo para mostrar las distancias que mediste. Explica cómo usaste las mediciones para hallar la altura del salón de clase.

D. Compara los dos métodos (el de la sombra y el del espejo) para hallar mediciones que faltan. ¿Qué tipo de problemas pueden surgir al usar estos métodos?

ACE La tarea empieza en la página 84.

Darnell, Angie y Trevor están con su clase en un parque situado a lo largo del río Red Cedar. Deciden usar triángulos semejantes para hallar la distancia de un lado al otro del río. Después de hacer varias mediciones, hacen un bosquejo con el diagrama de abajo.

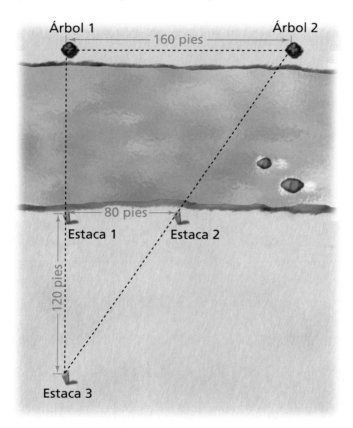

Preparación para el problema 5.3

En los dos problemas anteriores, usaste el hecho de que si dos triángulos tienen ángulos correspondientes de la misma medida, entonces los triángulos son semejantes. En general, esto no se cumple con otros polígonos.

- ¿Qué sabes acerca de los paralelogramos y los rectángulos que explique esto?

- ¿Qué triángulos del diagrama del río son semejantes? ¿Por qué?

Problema 5.3 Hallar longitudes con triángulos semejantes

A. Usa el diagrama del río. ¿Qué triángulos parecen ser semejantes? Explica tu respuesta.

B. ¿Qué distancia hay cruzando el río desde la estaca 1 al árbol 1? Explica tu respuesta.

C. El diagrama de abajo muestra tres estacas y dos árboles. ¿En qué orden crees que Darnell, Angie y Trevor localizaron los puntos clave y midieron los segmentos?

D. Otro grupo de estudiantes repite la medición. Ponen las estacas en lugares diferentes. La distancia entre la estaca 1 y la estaca 2 es de 32 pies. La distancia entre la estaca 1 y la estaca 3 es de 30 pies. ¿El segundo grupo obtiene la misma medición de la anchura del río? Explica tu respuesta.

ACE La tarea empieza en la página 84.

Aplicaciones

1. El monumento a Washington es la estructura más alta de Washington D.C. En el mismo momento en que el monumento proyecta una sombra de aproximadamente 500 pies de largo, el mástil de una bandera cercana, de 40 pies, proyecta una sombra de aproximadamente 36 pies de largo. Haz un bosquejo. Halla la altura aproximada del monumento.

2. Darius usa el método de la sombra para estimar la altura del mástil de una bandera. Sabe que una vara de 5 pies proyecta una sombra de 4 pies. Sabe que en el mismo momento el mástil proyecta una sombra de 20 pies. Haz un bosquejo. Usa las mediciones de Darius para estimar la altura del mástil.

3. Un día, la directora de la escuela visita la clase de Ashton. La directora le pide a Ashton que le muestre lo que están aprendiendo. Ashton usa el método del espejo para estimar la altura de la directora. Este bosquejo muestra las mediciones que registró.

No dibujado a escala

1.3 m

|← 2.0 m →|← 1.5 m →|

Directora   Espejo   Ashton

a. ¿Qué estimación debería dar Ashton para la altura de la directora?

b. ¿La respuesta que diste en la parte (a) es una altura razonable en un adulto?

4. Stacia está parada a 8 pies de un espejo que está en el suelo. En el centro del espejo puede ver la punta de una torre de radio de 100 pies. Sus ojos están a 5 pies del suelo. ¿A qué distancia está el espejo de la base de la torre?

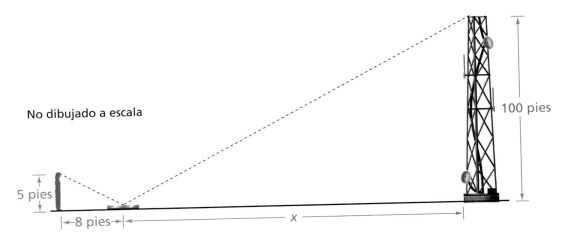

No dibujado a escala

5 pies

|←8 pies→|←————— x —————→|

100 pies

5. Judy está acostada en el suelo a 45 pies de su tienda. El punto más alto de la tienda y la cima de un risco alto están en su línea de visión. La tienda tiene 10 pies de altura. ¿Cuál es la altura del risco?

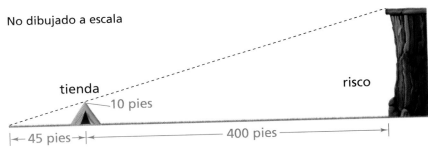

No dibujado a escala

tienda

10 pies

risco

|← 45 pies →|←————— 400 pies —————→|

Conexiones

Halla el valor de x que haga que las fracciones sean equivalentes.

6. $\frac{5}{2} = \frac{x}{8}$

7. $\frac{2}{5} = \frac{7}{x}$

8. $\frac{7}{5} = \frac{28}{x}$

9. $\frac{7.5}{10} = \frac{3}{x}$

10. $\frac{1}{7} = \frac{x}{35}$

11. $\frac{x}{5} = \frac{60}{100}$

12. $\frac{4}{10} = \frac{x}{5}$

13. $\frac{3}{3.6} = \frac{x}{6}$

Halla el porcentaje o fracción de los números dados.

14. 30% de 256

15. 25% de 2,048

16. $\frac{2}{3}$ de 24

17. $\frac{5}{6}$ de 90

Escribe cada comparación en forma de porcentaje.

18. 55 de 100

19. 13 de 39

20. 2.5 de 10

21. 5 de 100

22. Los siguientes rectángulos son semejantes. Las figuras no se muestran en su tamaño real.

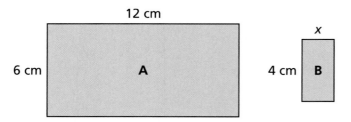

a. ¿Cuál es el factor de escala del rectángulo A al rectángulo B?

b. Completa la siguiente oración de dos maneras diferentes. Usa las longitudes de lado de los rectángulos A y B.

La razón de ▓ a ▓ es equivalente a la razón de ▓ a ▓.

c. ¿Cuál es el valor de *x*?

d. ¿Cuál es la razón del área del rectángulo A con respecto al área del rectángulo B?

Usa los siguientes rectángulos para los Ejercicios 23 y 24 de la página 87. Los rectángulos no se muestran en su tamaño real.

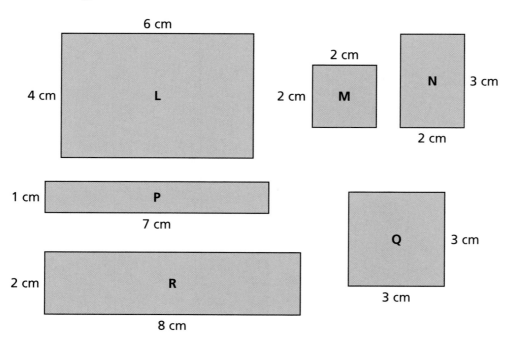

23. Opción múltiple ¿Qué par contiene rectángulos semejantes?

A. L y M   **B.** L y Q   **C.** L y N   **D.** P y R

24. a. Halla por lo menos un par más de rectángulos semejantes.

b. Para cada par de rectángulos semejantes, halla el factor de escala que relaciona el rectángulo más grande con el rectángulo más pequeño, y el factor de escala que relaciona el rectángulo más pequeño con el rectángulo más grande.

c. Para cada par de rectángulos semejantes, halla la razón del área del rectángulo más grande con respecto al área del rectángulo más pequeño.

25. Los dos triángulos son semejantes.

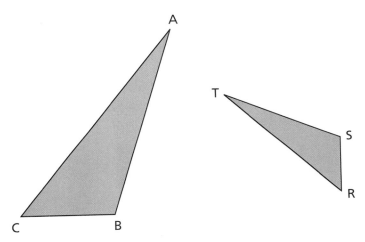

a. Halla los vértices correspondientes.

b. Estima el factor de escala que relaciona el triángulo ABC con el triángulo TSR.

c. Estima el factor de escala que relaciona el triángulo TSR con el triángulo ABC.

d. Usa el resultado de la parte (b). Estima la razón del área del triángulo ABC con respecto al área del triángulo TSR.

e. Usa el resultado de la parte (c). Estima la razón del área del triángulo TSR con respecto al área del triángulo ABC.

26. Las rectas paralelas *BD* y *EG* son intersecadas por la recta *AH*. Las rectas forman ocho ángulos: cuatro alrededor del punto *C* y cuatro alrededor del punto *F*.

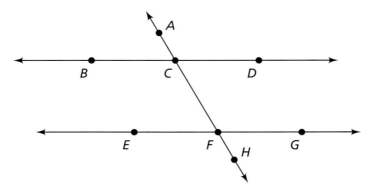

a. Nombra cada ángulo que sea congruente (que tenga la misma medida) con el ángulo *ACD*.

b. Nombra cada ángulo que sea congruente con el ángulo *EFC*.

En los Ejercicios 27 a 31, supón que un fotógrafo del periódico escolar saca esta foto para un artículo. Los editores quieren cambiar el tamaño de la foto para que quepa en un lugar específico del periódico.

27. La foto original es un rectángulo de 4 pulgadas de ancho por 6 pulgadas de alto. ¿Se puede cambiar a un rectángulo semejante con las mediciones dadas (en pulgadas)?

a. 8 por 12　　**b.** 9 por 11　　**c.** 6 por 9　　**d.** 3 por 4.5

28. Supón que la fotocopiadora de la escuela sólo tiene tres tamaños de papel (en pulgadas): $8\frac{1}{2}$ por 11, 11 por 14 y 11 por 17. Puedes aumentar o reducir documentos especificando un porcentaje entre 50% y 200%. ¿Puedes hacer copias de la foto que quepan exactamente en alguno de estos tres tamaños de papel?

Homework Help **Online**
PHSchool.com

Para: Ayuda con el Ejercicio 27, disponible en inglés
Código Web: ane-2527

29. ¿Cómo puedes usar la máquina fotocopiadora para reducir la foto a una copia cuya longitud y anchura sean el 25% de las dimensiones originales? ¿Cuál es la relación entre el área de la copia nueva y el área de la foto original? (**Pista:** La máquina sólo acepta factores entre 50% y 200%.)

30. ¿Cómo puedes usar la máquina fotocopiadora para reducir la foto a una copia cuya longitud y anchura sean el 12.5% de las dimensiones originales? ¿Y el 36% de las dimensiones originales? En cada caso, ¿cuál es la relación entre el área de la copia reducida y el área de la foto original?

31. ¿Cuál es la mayor ampliación de la foto que puede caber en una hoja de 11 pulgadas por 17 pulgadas?

32. Opción múltiple ¿Cuál es el valor correcto de x? La figura no se muestra en su tamaño real.

A. 3 cm   **B.** 10 cm

C. 12 cm   **D.** 90 cm

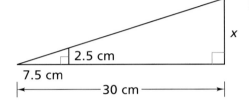

En los Ejercicios 33 y 34, halla la medida que falta. Las figuras no se muestran en su tamaño real.

33.

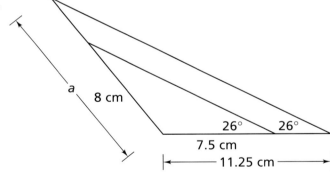

34.

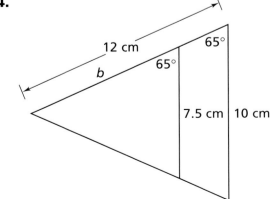

Conexiones

Extensiones

35. Usa el método del espejo, el método de la sombra u otro método que requiera triángulos semejantes, para hallar la altura de un poste de teléfono, un poste de luz, un árbol alto o un edificio alto de tu ciudad. Explica el método.

36. Tang cree que ha encontrado una manera de usar triángulos semejantes para hallar la altura de un edificio. Se para a 15 metros de un edificio y sostiene una regla de 30 centímetros frente a sus ojos. La regla está a 45 centímetros de sus ojos. Al ver por encima y por debajo de la regla puede ver el techo y la base del edificio, respectivamente.

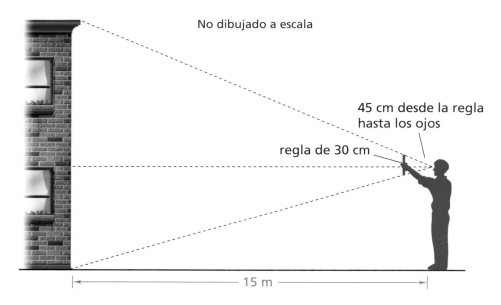

No dibujado a escala

45 cm desde la regla hasta los ojos

regla de 30 cm

15 m

a. ¿Ves algunos triángulos semejantes en el diagrama que puedan ayudar a Tang a hallar la altura del edificio?

b. ¿Cuál es la altura del edificio?

37. En un eclipse anular (un tipo de eclipse solar), la Luna se mueve entre la Tierra y el Sol, bloqueando parte de la luz solar por algunos minutos. Alrededor del año 240 a. de C., un científico usó eclipses para estimar las distancias entre la Tierra, la Luna y el Sol.

No dibujado a escala

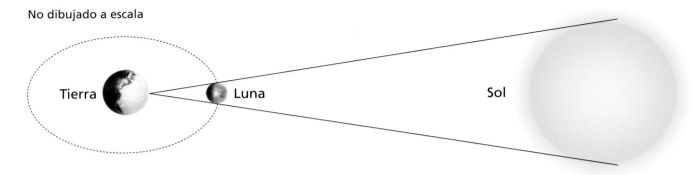

En 1994, hubo un eclipse anular. Una clase construyó un visor con una caja, como el que se muestra a continuación.

No dibujado a escala

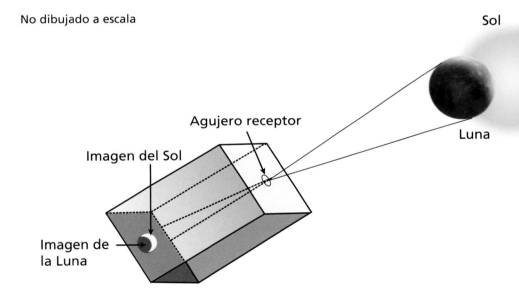

Durante el eclipse, la imagen de la Luna cubrió casi por completo el Sol. La sombra de la Luna y el borde de luz que la rodeaba aparecieron en la base del visor. La imagen de la Luna estaba a 1 metro del agujero receptor, y su diámetro era de 0.9 centímetros. El diámetro real de la Luna es de aproximadamente 3,500 kilómetros. Estima la distancia a la Luna a la hora en que ocurrió el eclipse.

Extensiones

38. Alguna noche que haya luna llena, ve afuera con otra persona y usa una moneda para bloquear exactamente la imagen de la Luna.

a. ¿A qué distancia de tus ojos tienes que sostener la moneda? ¿Puedes sostenerla tú o tiene que sostenerla la otra persona?

b. El diámetro de la Luna es de aproximadamente 2,160 millas. La distancia desde la Tierra hasta la Luna es de aproximadamente 238,000 millas. Usa estos números, el diámetro de tu moneda y triángulos semejantes para hallar la distancia a la que tienes que sostener la moneda de tus ojos para bloquear la Luna. ¿Cuál es la relación entre la distancia que hallas y la distancia que mediste en la parte (a)?

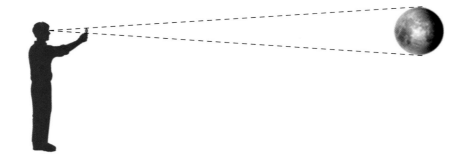

Reflexiones matemáticas

En esta investigación, usaste lo que sabes acerca de triángulos semejantes para hallar alturas de edificios y para estimar otras distancias inaccesibles. Estas preguntas te ayudarán a resumir lo que has aprendido.

Piensa en las respuestas a estas preguntas. Comenta tus ideas con otros estudiantes y con tu maestro/a. Luego, en tu cuaderno, escribe un resumen de lo que aprendiste.

1. ¿Cómo puedes usar los siguientes métodos para estimar alturas y distancias que no puedes medir fácilmente con reglas o cintas métricas?

   a. sombras y triángulos semejantes

   b. espejos y triángulos semejantes

   c. triángulos pequeños dentro de triángulos más grandes

2. ¿Cómo puedes decidir si una foto o un dibujo se puede aumentar o reducir para que quepa en un espacio determinado sin distorsionar las formas?

Proyecto de la unidad

1. Encoger o aumentar dibujos

El proyecto final de esta unidad consiste en dos partes.

(1) el dibujo de una imagen semejante a otro dibujo

(2) un informe escrito acerca de cómo hacer figuras semejantes

Parte 1: Dibujar

Aumentarás o reducirás un dibujo o caricatura a elección. Para producir una imagen semejante puedes usar la técnica de las reglas de gráficas de coordenadas.

Si aumentas el dibujo, la imagen debe tener un factor de escala de 4, por lo menos. Si reduces el dibujo, la imagen debe tener un factor de escala de $\frac{1}{4}$, como máximo.

El proyecto final debe ser presentado en un expositor para que los demás lo vean. El dibujo original y la imagen tienen que estar en el expositor, y tú debes hacer lo siguiente:

- identificar el factor de escala y mostrar en qué se asemejan las longitudes entre el dibujo y de la imagen
- identificar dos pares de ángulos correspondientes y mostrar en qué se asemejan los ángulos entre el dibujo y de la imagen
- comparar algún área del dibujo con el área correspondientes de la imagen

Parte 2: Escribir un informe

Escribe un informe describiendo cómo hiciste la figura semejante. El informe debe incluir lo siguiente:

- una descripción del método o de la técnica que usaste para hacer la imagen
- una descripción de los cambios en las longitudes, los ángulos y el área entre el dibujo original y de la imagen
- un párrafo (o más) con otros detalles que te parezcan interesantes o que ayuden a los lectores a comprender lo que vean (por ejemplo, la descripción de algún problema o desafío que se te haya presentado, y las decisiones que tuviste que tomar a consecuencia de ello).

Proyecto de la unidad

2. Figuras siempre semejantes

En esta unidad trabajaste con problemas que te ayudaron a comprender la semejanza de dos figuras. Aprendiste que no todos los rectángulos son semejantes. Por ejemplo, una hoja de papel de $8\frac{1}{2}$ por 11 pulgadas es rectangular, así como lo es un sobre de tamaño comercial. Sin embargo, el sobre no tiene la misma forma que la hoja.

Un grupo de estudiantes decidió observar rectángulos que eran cuadrados. Averiguaron que sin importar cuál era el tamaño del cuadrado que dibujaran, cada cuadrado era semejante a la figura B de su conjunto de figuras, y a todos los demás cuadrados. ¡Averiguaron que *todos los cuadrados son semejantes!* Decidieron que los cuadrados son figuras siempre semejantes.

Los estudiantes querían saber si había otras figuras que fueran siempre semejantes, como los cuadrados. En otras palabras, ¿existen otros grupos de figuras que reciban el mismo nombre y que sean semejantes a todas las otras figuras del mismo nombre? Usa tu conjunto de figuras para investigarlo.

Investiga cuatro preguntas

1. Haz una lista de nombres de todos los tipos diferentes de figuras que hay en el conjunto de figuras (cuadrados, rectángulos, triángulos, triángulos equiláteros, círculos y hexágonos regulares).

2. Para cada tipo de figura, haz una lista de las figuras (usando sus letras) que pertenezcan a ese grupo.

3. Divide los diferentes tipos de figuras en dos grupos: figuras que son siempre semejantes (como los cuadrados) y figuras que no son siempre semejantes (como los rectángulos).

4. Describe maneras en las que las figuras que son siempre semejantes se parecen.

Los problemas de esta unidad te ayudaron a comprender el concepto de la semejanza aplicado a las figuras geométricas. Aprendiste

Go Online
PHSchool.com

Para: Rompecabezas del repaso de vocabulario, disponible en inglés
Código Web: anj-2051

- a hacer figuras semejantes
- a determinar si dos figuras son semejantes
- la relación que hay entre las longitudes de lado, los perímetros, las medidas de ángulos y las áreas de figuras semejantes
- a investigar el uso de la semejanza para resolver problemas

Usa lo que sabes: Semejanza

Prueba tu comprensión de la semejanza resolviendo los siguientes problemas.

1. El cuadrado de abajo está subdividido en seis triángulos y cuatro paralelogramos. Algunas figuras son semejantes.

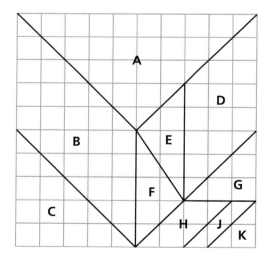

a. Haz una lista de todos los pares de triángulos semejantes que hay en la figura. Para cada par, indica el factor de escala de una figura a la otra.

b. Escoge un par de triángulos semejantes. Explica qué relación hay entre sus perímetros y qué relación hay entre sus áreas.

c. Haz una lista con varios pares de triángulos de la figura que *no* sean semejantes.

d. Haz una lista con todos los pares de paralelogramos semejantes de la figura. Para cada par, indica el factor de escala de una figura a la otra.

e. Elige un par de paralelogramos semejantes. Explica qué relación hay entre sus perímetros y qué relación hay entre sus áreas.

f. Haz una lista con varios pares de paralelogramos de la figura que *no* sean semejantes.

2. a. Supón que hay un triángulo en una cuadrícula de coordenadas. ¿Cuál de las siguientes reglas cambiará el triángulo a un triángulo semejante?

i. $(3x, 3y)$ **ii.** $(x + 3, y + 2)$

iii. $(2x, 4y)$ **iv.** $(2x, 2y + 1)$

v. $(1.5x, 1.5y)$ **vi.** $(x - 3, 2y - 3)$

b. Para cada regla de la parte (a) que produzca un triángulo semejante, indica el factor de escala del triángulo original a su imagen.

3. Una foto de la escuela mide 12 centímetros por 20 centímetros. Los representantes de la clase quieren aumentar la foto para hacer un cartel grande.

a. ¿Se puede aumentar la foto original a 60 centímetros por 90 centímetros?

b. ¿Se puede aumentar la foto original a 42 centímetros por 70 centímetros?

Explica tu razonamiento

Contesta las siguientes preguntas para resumir lo que sabes.

4. ¿Qué te preguntas para decidir si dos figuras son semejantes?

5. Supón que la figura A es semejante a la figura B. El factor de escala de la figura A a la figura B es k.

   a. ¿Qué relación hay entre los perímetros de las dos figuras?

   b. ¿Qué relación hay entre las áreas de las dos figuras?

6. Si dos figuras son semejantes, ¿qué sabes con respecto a las siguientes mediciones?

   a. las longitudes de lado de las dos figuras

   b. las medidas de los ángulos de las dos figuras

7. Di si cada enunciado es verdadero o falso. Explica tu respuesta.

   a. Dos triángulos equiláteros cualesquiera son semejantes.

   b. Dos rectángulos cualesquiera son semejantes.

   c. Dos cuadrados cualesquiera son semejantes.

   d. Dos triángulos isósceles cualesquiera son semejantes.

Mira adelante

En varias de las próximas unidades de *Connected Mathematics* estudiarás y usarás ideas de semejanza, especialmente cuando sea importante comparar tamaños y formas de figuras geométricas. Los principios básicos de la semejanza también se usan en una variedad de problemas prácticos y científicos donde las figuras se aumentan o se reducen.

Glosario español/inglés

A

ángulos complementarios Los ángulos complementarios son un par de ángulos cuyas medidas suman 90°.

complementary angles Complementary angles are a pair of angles whose measures add to 90°.

ángulos suplementarios Los ángulos suplementarios son dos ángulos que forman una recta. La suma de los ángulos es de 180°.

supplementary angles Supplementary angles are two angles that form a straight line. The sum of the angles is 180°.

B

baldosa repetida Una figura que puedes usar para hacer una versión más grande y semejante a la original, se llama baldosa repetida. La figura más pequeña de abajo es una baldosa repetida porque se pueden usar cuatro copias de ella para hacer una figura semejante más grande.

rep-tile A figure you can use to make a larger, similar version of the original is called a rep-tile. The smaller figure below is a rep-tile because you can use four copies of it to make a larger similar figure.

figura semejante
similar figure

baldosa repetida
Rep-tile

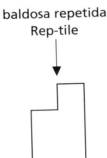
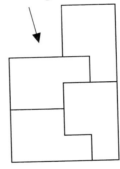

C

correspondientes Se dice que los lados o ángulos son correspondientes cuando tienen la misma posición relativa en figuras semejantes. En el siguiente par de figuras semejantes, el lado *AB* es correspondiente con el lado *HJ* y el ángulo *BCD* es correspondiente con el ángulo *JKF*.

corresponding Corresponding sides or angles have the same relative position in similar figures. In this pair of similar shapes, side *AB* corresponds to side *HJ*, and angle *BCD* corresponds to angle *JKF*.

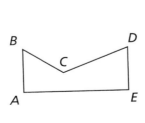
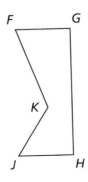

F

factor de escala El número utilizado para multiplicar las longitudes de una figura para ampliarla o reducirla a una imagen semejante. Si el factor de escala es 3, todas las longitudes de la imagen son 3 veces más largas que las longitudes correspondientes de la figura original. Cuando se dan dos figuras semejantes, el factor de escala es la razón de la longitud del lado de la imagen a la longitud del lado original correspondiente.

scale factor The number used to multiply the lengths of a figure to stretch or shrink it to a similar image. If we use a scale factor of 3, all lengths in the image are 3 times as long as the corresponding lengths in the original. When you are given two similar figures, the scale factor is the ratio of the image side length to the corresponding original side length.

I

imagen La figura que resulta de alguna transformación de una figura. A menudo es interesante tener en cuenta en qué se parecen y en qué se diferencian una figura y su imagen.

image The figure that results from some transformation of a figure. It is often of interest to consider what is the same and what is different about a figure and its image.

P

punto medio Punto que divide un segmento de recta en dos segmentos de igual longitud. En la figura de abajo, M es el punto medio del segmento de recta LN.

midpoint A point that divides a line segment into two segments of equal length. In the figure below M is the midpoint of segment LN.

R

razones equivalentes Las razones cuyas representaciones de fracciones son equivalentes se llaman razones equivalentes. Por ejemplo, las razones 3 a 4 y 6 a 8 son equivalentes porque $\frac{3}{4} = \frac{6}{8}$.

equivalent ratios Ratios whose fraction representations are equivalent are called equivalent ratios. For instance, the ratios 3 to 4 and 6 to 8 are equivalent because $\frac{3}{4} = \frac{6}{8}$.

razón La razón es una comparación de dos cantidades. A veces se expresa como una fracción. Por ejemplo, supón que la longitud de AB es 2 pulgadas y la longitud de CD es 3 pulgadas. La razón de la longitud AB a la longitud CD es de 2 a 3, es decir, $\frac{2}{3}$. La razón de la longitud CD a la longitud AB es de 3 a 2, es decir, $\frac{3}{2}$.

ratio A ratio is a comparison of two quantities. It is sometimes expressed as a fraction. For example, suppose the length of side AB is 2 inches and the length of side CD is 3 inches. The ratio of the length of side AB to the length of side CD is 2 to 3, or $\frac{2}{3}$. The ratio of the length of side CD to the length of side AB is 3 to 2, or $\frac{3}{2}$.

S

semejante Las figuras semejantes tienen ángulos correspondientes de igual medida y las razones de cada par de lados correspondientes son equivalentes.

similar Similar figures have corresponding angles of equal measure and the ratios of each pair of corresponding sides are equivalent.

triángulos anidados Los triángulos que comparten un ángulo común a veces se llaman anidado. En la siguiente figura, el triángulo ABC está anidado en el triángulo ADE.

nested triangles Triangles that share a common angle are sometimes called nested. In the figure below, triangle ABC is nested in triangle ADE.

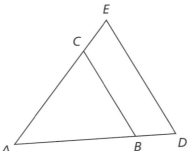

Glosario español / inglés

Índice

Ángulos
  complementarios, 51, 101
  correspondientes, *ver* Partes
    correspondientes de figuras
    semejantes
  suplementarios, 50, 103

Área
  ACE, 12–19, 31, 33, 35, 45–46,
    48–49, 54, 56, 68–69, 71–72,
    86–87, 89
  de figuras semejantes, 9, 11,
    39–42, 57, 65, 95, 98–100
  factor de escala y, 31, 33, 38–43,
    44–47, 49, 51–53, 56, 57, 65,
    69
  regla de crecimiento según un
    factor de escala, 56

Aumentar
  ACE, 12–19, 28–36, 44–56,
    66–76, 84–92
  usando porcentajes, 10–11, 14,
    32, 51, 70, 88, 94–95
  usando reglas alegraicas, 21–25,
    28–29, 31–33, 35–36, 99
  usando un estirador de
    elásticos, 7–10, 12–13, 15,
    17–19, 20
  usando un factor de escala,
    25–27, 38–43

Baldosa repetida, 38–41, 57, 102
  ACE, 44–45
  teselaciones y, 40
  usar, 39–41

Baldosas, *ver* Baldosas repetidas

Buscar un patrón, 41, 73, 76

Circunferencia, *ver* Perímetro

Comparar
  ACE, 12–19, 28–36, 44–56,
    66–76, 84–92
  figuras semejantes, 4, 7–9,
    10–11, 20, 21–27, 37, 38–43,
    57, 58–65, 77, 78–83, 93,
    94–103

Comprobar si es razonable, 84

Conjunto de figuras, 97

Cuaderno, 20, 37, 57, 77, 93

Cuadrícula, *ver también*
    Cuadrícula de coordenadas
  de centésimas, 34
  figuras de coordenadas en,
    26–27, 30, 35, 42, 46–48, 54,
    67, 71, 98
  hacer, 27, 30, 42, 46, 48, 54, 67
  figuras semejantes en, 4, 22, 24,
    28–32, 36, 37, 71, 94, 99
  hacer, 22, 24, 28–29, 31–32, 94

Cuadrilátero, semejante, 39, 42–43
  aumentar y reducir con, 10–11,
    13–14, 20, 32, 51, 70, 88–89
  usar, 94–95

Ilustración, 6–11, 21, 26, 38–41, 43,
    58–59, 61, 63–65, 78–82,
    94–95, 99, 101–102
  ACE, 12–15, 17–19, 29, 32–33,
    35, 44–45, 48–50, 52–53, 55,
    66–69, 70–76, 84–92
  hacer, 8–9, 12–15, 18–19, 32–33,
    35, 39–41, 43, 46, 53, 55,
    74–75, 79, 81, 84, 94–95

Estimar, 6, 9, 78–83, 93
  ACE, 12–13, 32, 34, 84–85, 87,
    90–92
  distancias usando escalas, 34
  longitud usando tirángulos
    semejantes, 78–83, 84–85,
    90–92, 93

Estirador de elásticos, 7–10, 20
  ACE, 12–13, 15, 17–19
  aumentar con, 7–10, 12–13, 15,
    17–19, 20

Estrategias para resolver
    problemas
  buscar un patrón, 41, 73, 76
  escribir una regla algebraica,
    25, 29, 31–32, 36
  hacer un dibujo, 8–9,
    12–15, 18–19, 32–33, 35,
    39–41, 43, 46, 53, 55, 74–75,
    79, 81, 84, 94–95
  hacer un modelo de área,
    13–15, 32–33, 35, 43, 46, 55,
    75
  hacer una cuadrícula, 27, 30, 42,
    46, 48, 54, 67

  hacer una cuadrícula de
    centésimas, 34
  hacer una cuadrícula de
    coordenadas, 22, 24, 28–29,
    31–32, 94
  hacer una tabla, 24, 28
  representarlo, 7–10, 12–13, 15,
    17–19, 20, 39–41, 80–81, 90,
    92, 94–95, 97

Factor de escala
  ACE, 31–33, 44–47, 49, 51–53,
    56, 66–69, 71, 73, 86–87
  área y, 31, 33, 38–43, 44–47, 49,
    51–53, 56, 57, 65, 69
  definición, 25, 103
  determinar, 25–27, 38–43
  figuras semejantes y, 25–27,
    31–33, 37, 38–43, 44–47, 49,
    51–53, 56, 57, 60–62, 64–65,
    66–69, 71, 73, 86–87, 94–95,
    99, 103
  longitud y, 25–27, 31–32, 39–43,
    46, 57, 60–62, 69, 73, 95, 99
  para hallar la distancia, 34,
    82–83, 84–85, 91–92, 93
  porcentaje y, 10–11, 13–14, 20,
    32, 51, 70, 88–89
  razón y, 60–65, 66–67
  regla para crecimiento de área,
    56

Fibonacci, secuencia de, 76

Figuras semejantes
  ACE, 12–19, 28–36, 44–56,
    66–76, 84–92
  áreas de, 9, 11, 12–19, 31, 33, 35,
    39–42, 45–46, 48–49, 54, 56,
    57, 65, 68–69, 71–72, 86–87,
    89, 95, 98–100
  comparar, 4, 7–9, 10–103
  estimar con, 6, 9, 12–13, 32, 34,
    78–83, 84–85, 87, 90–92, 93
  factor de escala y, 25–27, 31–33,
    37, 38–43, 44–47, 49, 51–53,
    56, 57, 60–62, 64–65, 66–69,
    71, 73, 86–87, 94–95, 99, 103
  identificar, 20, 21–27, 28–33, 36,
    37, 96–97
  longitudes de lado y, 9–11,

12–15, 17–19, 25–27, 28–36, 39–43, 46, 48–50, 53, 57, 60–62, 64–65, 66–69, 72–73, 75, 77, 79–83, 84–86, 88–92, 93, 95, 98–100

medidas de ángulos y, 9–11, 12, 14, 19, 25, 28–29, 35, 43, 49–50, 62, 68, 74, 79–80, 82, 95, 98, 100

partes correspondientes de, 4, 10–11,12–19, 20, 21–27, 28–36, 37, 39–41, 78–80, 82, 95, 98–100, 101

patrón y, 38–41, 44–45, 57,102

perímetro y, 9, 11, 12, 14–19, 28–29, 31–32, 35, 39–42, 46, 48, 57, 71, 98–100

razón y, 58–65, 66–76, 77, 86–87, 101–102

Figuras siempre semejantes, 96–97

Fotocopiadora
aumentar y reducir con, 10–11, 13–14, 20, 32, 51, 70, 88–89
usar, 94–95

Fractales, 54–55

Glosario, 101–103

Gráfica, *ver* **Cuadrícula de coordenadas; Cuadrícula**

Gráfica de coordenadas, *ver* **Cuadrícula de coordenadas**

Ilustración, 6–11, 21, 26, 38–41, 43, 58–59, 61, 63–65, 78–82, 94–95, 99, 101–102
ACE, 12–15, 17–19, 29, 32–33, 35, 44–45, 48–50, 52–53, 55, 66–69, 70–76, 84–92
hacer, 8–9, 12–15, 18–19, 32–33, 35, 39–41, 43, 46, 53, 55, 74–75, 79, 81, 84, 94–95

Imagen, 8, 101

Interpretar datos
baldosas, 38–41
cuadrícula, 26–27, 30, 35, 42, 46–48, 54, 67, 71, 98
cuadrícula de centésimas, 34
cuadrícula de coordenadas, 4, 22, 24, 28–32, 36, 37, 71, 94, 99
cuadrícula de décimas, 35
ilustración, 6–11, 12–15, 17–19, 21,26, 29, 32–33, 35, 38–41, 43, 44–45, 48–50, 52–53, 55, 58–59, 61, 63–65, 66–69,

70–76, 78–82, 84–92, 94–95, 99, 101–102
mapa, 34
modelo de área, 13–15, 26, 32–33, 35, 43, 46, 48–50, 53, 55–56, 61, 63–65, 66–69, 71, 73, 75–76, 82–83, 86–87, 89
rueda giratoria, 72
tabla, 22–24, 28, 59, 72

Investigaciones
Estirar y encogerfiguras, 5–20
Figuras semejantes, 21–37
Polígonos semejantes, 38–57
Semejanza y razones, 58–77
Usar figuras semejantes y Rectángulos, 78–93

Justificar el método, 16

Justificar la respuesta, 6, 9, 27, 37, 39, 41, 43, 59, 61, 64–65
ACE, 18, 29–30, 34–35, 44, 46, 53–54, 67, 69, 71–73, 75–76, 82–83, 90

Lados correspondientes, *ver* **Partes correspondientes de figuras semejantes**

Longitud, *ver* **Longitud de lado**

Longitud de lado
ACE, 12–15, 17–19, 28–36, 46, 48–50, 53, 66–69, 72–73, 75, 84–86, 88–92
de figuras semejantes, 9–11, 25–27, 39–43, 57, 60–62, 64–65, 77, 79–83, 93, 95, 98–100
y factor de escala, 25–27, 31–32, 39–43, 46, 57, 60–62, 69, 73, 95, 99

Mandelbrot, Benoit, 54–55

Manipulativos
baldosas, 39–41
conjunto de figuras, 97
espejo, 80–81, 90
estirador de elásticos, 7–10, 12–13, 15, 17–19, 20
fotocopiadora, 94–95
medición indirecta usandotriángulos, 90, 92

Mapa, 34

Medición indirecta
ACE, 84–85, 90–92
razones equivalentes y, 78–83
usando el método de

espejo,80–81, 84–85, 90, 93
usando el método de sombra,78–80, 81, 84, 90, 93
usando triángulos semejantes, 78–83, 84–85, 90–92, 93

Medición usada por la policía, 9

Medida de ángulo
ACE, 12, 14, 19, 28–29, 35,49–50, 68, 74
de figuras semejantes, 9–11, 25, 43, 62, 79–80, 82, 95, 98, 100

Método de sombra
estimar la altura con, 78–80, 81, 84, 90, 93
usar, 79, 84

Método del espejo
estimar la altura con, 80–81, 84–85, 90, 93
usar, 80–81, 90

Mira atrás y adelate: Repaso de la unidad, 98–100

Modelo
baldosas, 38–41
conjunto de figuras, 97
cuadrícula, 26, 30, 35, 42, 46–48, 71, 98
cuadrícula de coordenadas, 24, 28, 31–32,36, 71
cuadrícula de décimas, 35
de area 13–15, 26, 32–33, 35, 43, 46, 55, 75, 61, 63–65, 82–83
ACE, 13–15, 32–33, 35, 48–50, 53, 55–56, 66–69, 71, 73, 75–76, 86–87, 89
ilustración, 6–8, 10–11, 12–15, 17–19, 21, 26, 29, 32–33, 35, 38, 41, 43, 44–45, 48–50, 52–53, 55, 58–59, 61, 63–65, 66–69, 70–76, 78–80, 82, 84–92, 94, 99, 101–102
mapa, 34
modelo de área, 13–15, 26, 32–33, 35, 43, 48–50, 53, 55–56, 61, 63–65, 66–69, 71, 73, 75–76, 82, 86–87, 89
rueda giratoria, 72

Paralelogramo, semejante, 60–61

Partes correspondientes de figuras semejantes, 4, 10–11, 20, 21–27, 32, 37, 39–41, 78–80, 82, 95, 98–100, 101
ACE, 12–19, 28–36

Índice

Patrón
  buscar, 41, 73, 76
  figuras semejantes y, 38–41,
    44–45, 57, 102

Perímetro
  ACE, 12, 14–19, 28–29, 31–32,
    35, 46, 48, 71
  de figuras semejantes, 9, 11,
    39–42, 57, 98–100

Pixel, 27

Porcentaje
  aumentar con, 10–11, 14, 32, 51,
    70, 88, 94–95
  factores de escala y, 10–11,
    13–14, 20, 32, 51, 70, 88–89
  reducir con, 10–11, 13–14, 51,
    88–89, 94–95

Programa gráfico, 21, 27, 58–59

**Programa gráfico de
  computadora,** 27

Proyecto de la unidad
  Figuras siempre semejantes,
    96–97
  Reducir o aumentar
    ilustraciones, 94–95

Punto medio, 54–55

Raíz cuadrada, 56

Razón, 58–65, 77, 102
  ACE, 66–76, 86–87
  aúrea (*ver también* Rectángulo
    aúreo), 75–76
  equivalente, 60–62, 70, 78–83,
    86, 101
  factor de escala y, 60–65, 66–67
  figuras semejantes y, 58–65,
    66–76, 77, 86–87, 101–102
  igual, *ver* equivalente

Razones equivalentes, 60–62, 101
  ACE, 70, 86
  medición indirecta y, 78–83

Razones iguales, *ver* **Razones
  Equivalentes**

Razonable, *ver* **Comprobarsi es
  razonable**

Rectángulo aúreo (*ver
  también***Razón aúrea),** 74–75

Reducir
  ACE, 12–19, 28–36, 44–56,
    66–76, 84–92
  usando factor de escala, 25–27,
    38–43
  usando porcentaje, 10–11,
    13–14, 51, 88–89, 94–95
  usando reglas algebraicas,
    21–25, 33–36, 71, 99

Reflexiones, matemáticas, 20,
  37, 57, 77, 93

Reglas algebraicas, 21–25, 37, 99
  ACE, 28–29, 31–36, 71
  aumentar con, 21–25,
    28–29, 31–33, 35–36, 99
  escribir, 25, 29, 31–32, 36
  reducir con, 21–25, 33–36, 71, 99

Representarlo, 7–10, 20, 39–41,
  80–81, 94–95, 97
  ACE, 12–13, 15, 17–19, 90, 92

Resumen matemático, 4

Rueda giratoria, 72

Semejanza, 5–11, 20, 21–27, 37,
  38–43, 57, 58–65, 77, 78–83,
  93, 98–100
  ACE, 12–19, 28–36, 44–56,
    66–76, 84–92
  definición, 6, 25, 103

medición indirecta y, 78–83,
  84–85, 90–92, 93
  reglas algebraicas y, 21–25,
    28–29, 31–36, 37, 71, 99

Sierpinski, triángulo de, 54–55

Tabla, 22–24, 28, 59, 72
  hacer, 24, 28

Teselaciones, y baldosas repetidas,
  40

Tira de décimas, 35

Transformación (*ver también***
  Aumentar; Reducir)**
  ACE, 28–36
  distorción, 22–27, 28–29, 33–35,
    37
  usando reglas algebraicas,
    21–25, 28–29, 31–36, 37, 71,
    99

Triángulo
  anidado, 82–83, 85, 89, 91–93,
    102
  semejantes, 40–43, 62–63,
    78–83, 84–85, 90–92, 93
  semejantes, estimar longitud
    con, 78–83, 84–85, 90–92, 93

Triángulos anidados, 82–83, 85, 89,
  91–93, 102

Agradecimientos

Créditos del equipo

A continuación se mencionan las personas que formaron parte del equipo de **Connected Mathematics 2** tanto en el área editorial, como en servicios editoriales, y de diseño y producción. Los nombres de los miembros clave del equipo se presentan en negrita.

Leora Adler, Judith Buice, Kerry Cashman, Patrick Culleton, Sheila DeFazio, Katie Hallahan, Richard Heater, **Barbara Hollingdale, Jayne Holman,** Karen Holtzman, **Etta Jacobs,** Christine Lee, Carolyn Lock, Catherine Maglio, **Dotti Marshall,** Rich McMahon, Eve Melnechuk, Kristin Mingrone, Terri Mitchell, **Marsha Novak,** Irene Rubin, Donna Russo, Robin Samper, Siri Schwartzman, **Nancy Smith,** Emily Soltanoff, **Mark Tricca,** Paula Vergith, Roberta Warshaw, Helen Young

Para el texto en español: Claudio Barriga, Marina Liapunov

Edición en español

Keith Associates

Otros créditos

Diana Bonfilio, Mairead Reddin, Michael Torocsik, nSight, Inc.

Ilustración

Michelle Barbera: 2, 6, 52

Ilustración técnica

WestWords, Inc.

Diseño de tapa

tom white.images

Fotos

2, Raoul Minsart/Masterfile; **3,** Lee Snider/The Image Works; **5,** Raoul Minsart/Masterfile; **8 both,** Richard Haynes; **16,** SW Productions/Getty Images, Inc.; **21,** Ryan McVay/PhotoDisc/Getty Images, Inc.; **22,** Richard Haynes; **25,** Richard Haynes; **40,** M.C. Escher's "Symmetry Drawing E18" © 2004 The M.C. Escher Company-Baarn-Holland. All rights reserved.; **51,** Richard Haynes; **54,** Geoffrey Clifford/IPN Stock; **58,** Richard Haynes; **59 all,** Richard Haynes; **62,** J. Neubauer/Robertstock; **69,** F64/Getty Images, Inc.; **74,** Izzet Keribar/Lonely Planet Images; **83,** Raymond Gehman/Corbis; **84,** Alan Schein Photography/Corbis; **88,** Arthur Tilley/PictureQuest; **94,** Russ Lappa; **96,** Richard Haynes; **99,** Gabe Palmer/Corbis